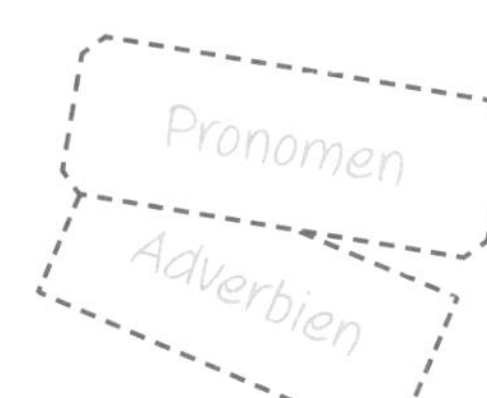

Inhaltsverzeichnis

Vorwort 4

Wortart	Arbeitsblatt	Seiten	Lösung
Nomen	Das Nomen	7	72
	Abstrakte Nomen	8	72
	Besondere Endungen bei Nomen	9	72
	Zusammengesetzte Nomen	10	72
	Nomen sortieren	11	72
Artikel	Bestimmte und unbestimmte Artikel	12	73
Verben	Das Verb	13	73
	Regelmäßige Verben	14	73
	Unregelmäßige Verben	15	73
	Regelmäßige und unregelmäßige Verben	16	74
	Hilfsverben	17	74
	Modalverben	18	74
	Der Imperativ	19	74
	Großschreibung von Verben	20	75
	Verben sortieren	21	75
Adjektive	Das Adjektiv	22	76
	Adjektive erfragen	23	76
	Adjektive steigern	24	76
	Mit Adjektiven vergleichen	25	76
	Besondere Endungen bei Adjektiven	26	76
	Zusammengesetzte Adjektive	27	77
	Großschreibung von Adjektiven	28	77
	Adjektive sortieren	29	77
Pronomen	Das Personalpronomen	30	78
	Das Reflexivpronomen	31	78
	Das Possessivpronomen	32	79
	Das Demonstrativpronomen	33	79
	Das Relativpronomen	34	80
	Pronomen sortieren	36	80

Inhaltsverzeichnis

Wortart	Arbeitsblatt	Seiten	Lösung
Adverbien	Adverbien des Ortes	37	81
	Adverbien der Zeit	38	81
	Adverbien des Grundes	39	82
	Adverbien der Art und Weise	40	82
Numeralien	Bestimmte und unbestimmte Numeralien	41	82
Interjektionen	Die Interjektion	42	83
Präpositionen	Lokale und temporale Präpositionen	43	83
	Modale und kausale Präpositionen	44	83
Konjunktionen	Die Konjunktion	45	84
gemischte Übungen	Nomen, Verb und Adjektiv	46	84
	Nomen, Verb, Adjektiv und Artikel	47	84
	Pronomen und Artikel	49	85
	Konjunktion und Präposition	50	85
	Wortarten-Mix	51	–
	Wortarten-Spiel	54	–
	Wortkarten	58	–

Merkblatt „Wortarten“ 69
Lösungen 71

Vorwort

Liebe Kollegen*,

die vorliegenden Materialien bieten Ihnen für den Unterricht in Klasse 4–6 vertiefende Übungen zu den folgenden **Wortarten**: Nomen, Artikel, Verb, Adjektiv, Pronomen, Adverb, Numerale, Interjektion, Präposition und Konjunktion. Zu jeder Wortart gibt es mehrere **Arbeitsblätter mit unterschiedlichem thematischen Schwerpunkt und ansteigendem Anforderungsniveau**.
So können Sie bei der Arbeit mit den Materialien gezielt entscheiden, wie tief sich welcher Schüler mit einem einzelnen Teilaspekt beschäftigen soll. Die Arbeitsblätter eignen sich sowohl für gemeinsame geführte Stunden als auch für Einzel- und Gruppenarbeit. Zum Abschluss gibt es einige Arbeitsblätter mit gemischten Übungen und zwei Übungen in spielerischer Form.

Besondere Hinweise

Das Arbeitsblatt „Unregelmäßige Verben“ auf Seite 15 enthält eine **Blanko-Tabelle zum Konjugieren von Verben**, die Sie vielfältig und differenziert im Unterricht einsetzen können. Es bietet sich an, die Schüler mehr Verben konjugieren zu lassen, als es das Material vorgibt. So können Sie den Schülern dieses Arbeitsblatt noch für weitere Verben und Aufgaben zur Verfügung stellen (oberen Teil des Arbeitsblattes einfach abschneiden). Sie könnten z. B. gemeinsam verschiedene Verben an der Tafel sammeln oder im Wörterbuch suchen lassen.

Die **Merkblätter** auf Seite 69/70 sind so gestaltet, dass sie den Schülern als Kopie ausgehändigt oder in ausgeschnittener Form auch nur in Teilen verwendet werden können, z. B. als Ergänzung eines Merkheftes oder einzelner Merkseiten im Schülerheft. Dort können die Schüler dann auch eigene Beispielsätze zu den verschiedenen Wortarten ergänzen und sich so noch intensiver mit dem Inhalt der Merkblätter auseinandersetzen. Bei dem Bereich „Nomen“ könnte zudem eine Unterscheidung in „konkrete“ und „abstrakte Nomen“ getroffen werden.

Für das **Wortarten-Spiel** finden sich auf Seite 57 mehrere Blanko-Karten zum Ausschneiden. Diese Karten verwenden wir gern zur Differenzierung für leistungsstärkere Schüler, die sie mit eigenen Inhalten und Aufgabenstellungen beschriften. So wenden die Schüler ihr Wissen konkret an, gestalten den Unterricht aktiv mit und fühlen sich wertgeschätzt. Damit die Schüler genug Platz zum Schreiben haben, sollten Sie die Vorlage im DIN-A3-Format kopieren.

---

* Aus Gründen der besseren Lesbarkeit haben wir in diesem Buch durchgehend die männliche Form verwendet. Natürlich sind damit auch immer Frauen und Mädchen gemeint, also Lehrerinnen, Schülerinnen etc.

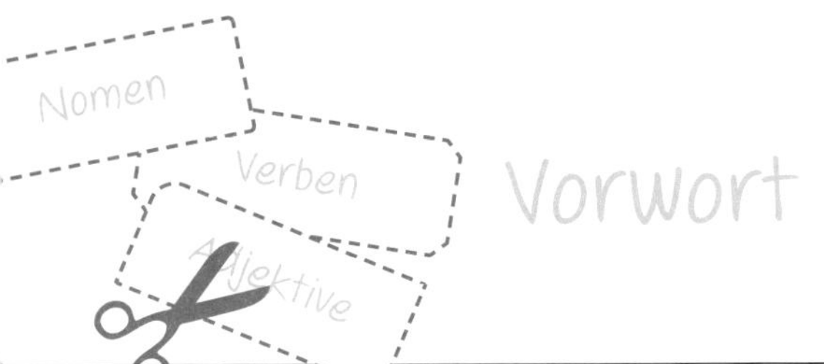

Vorwort

Auch zu den **Wortkarten** finden sich auf Seite 68 mehrere Blanko-Karten, die mit eigenen Wortbeispielen beschriftet werden können. Für die Wortkarten (Seite 58–68) bieten sich folgende Einsatzmöglichkeiten an:

- die Karten nach Wortarten sortieren (das allein ist schon eine sehr gute Übung)
- eine Wörtersammlung in Tabellenform ins Heft eintragen
- aus vorgegebenen Wortarten eigene Sätze bilden (z. B. „Zieh ein Pronomen, ein Nomen und ein Adjektiv. Bilde einen Satz, in dem diese Wörter vorkommen.“ Das Anforderungsniveau kann durch Vorgabe weiterer Wortarten beliebig erhöht werden.)
- die Karten für ein Partner-/Gruppenspiel verwenden: Die Schüler zeigen sich gegenseitig eine Karte und müssen die Wortart bestimmen. Wer sie zuerst erkennt, bekommt die Karte. Die Kopiervorlage kann hier als Kontrollblatt dienen.

Einige Wörter lassen sich mehreren Wortarten zuordnen. Die Unterscheidung richtet sich nach dem Gebrauch des Wortes bzw. dem Satzzusammenhang, z. B.:

Gebrauch als Präposition:	Der Stift liegt **unter** deinem Buch.
Gebrauch als Adverb:	Der Verbrauch lag **unter** dem Durschnitt.

Bei den Zuordnungsaufgaben haben wir darauf geachtet, dass die jeweiligen Wörter nur einer Wortart zugeordnet werden können. Bei Aufgaben, in denen beispielsweise passende Wörter eingefügt werden müssen (der Gebrauch also klar ist), gibt es aber auch Wörter, die ebenfalls zu einer anderen Wortart gehören.

Viel Erfolg beim Einsatz des Materials

Ihre Saskia Kistner und
Ann Cathrin Thanuskody

Wortarten

Klasse 4–6

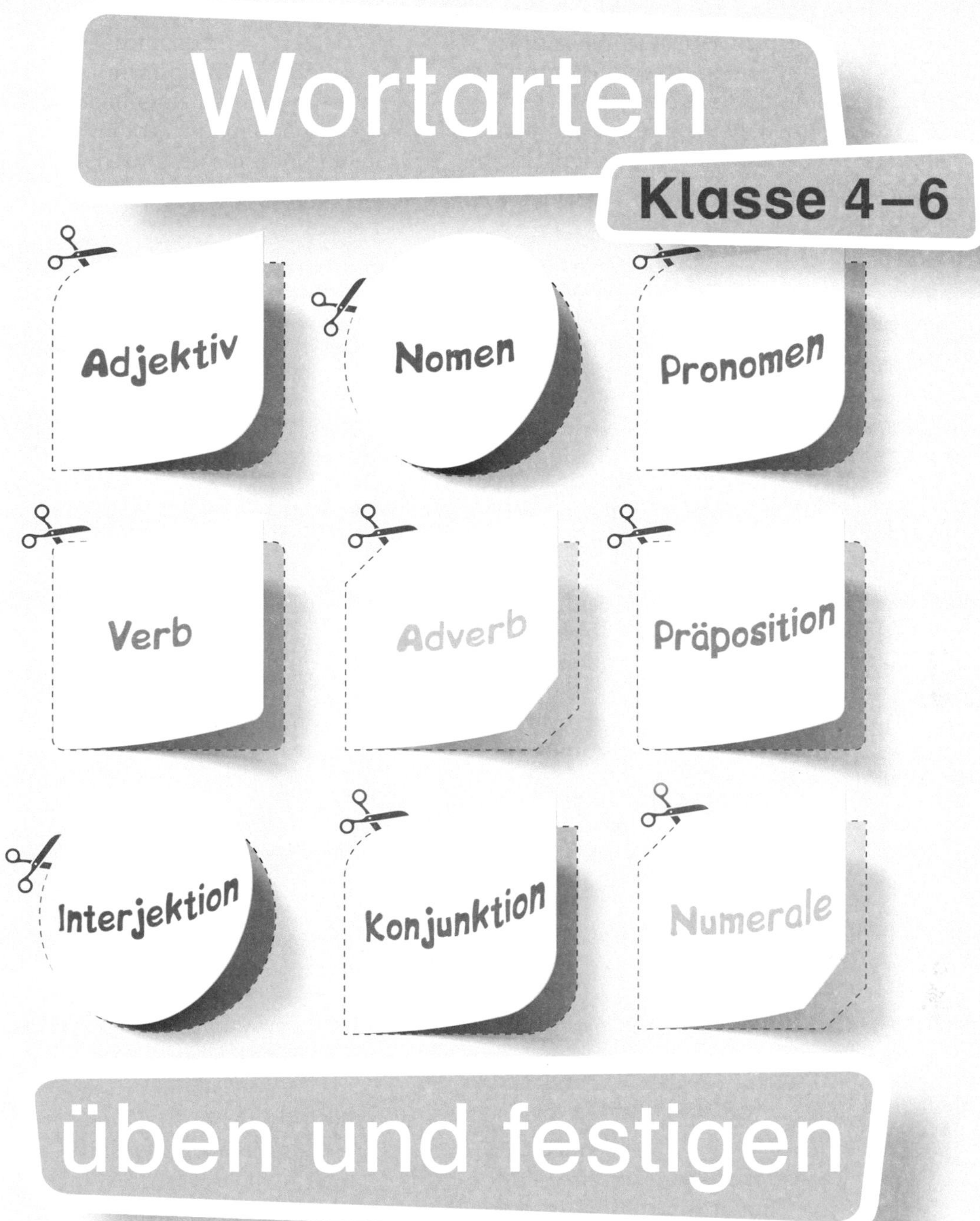

üben und festigen

Kopiervorlagen mit Lösungen

Saskia Kistner | Ann Cathrin Thanuskody

Verlag an der Ruhr

Impressum

Titel
Wortarten üben und festigen – Klasse 4–6
Kopiervorlagen mit Lösungen

Autorinnen
Saskia Kistner und Ann Cathrin Thanuskody

Titelbildmotiv
© piai – Fotolia.com

Illustrationen
siehe Nachweis am Bild

Druck
Heenemann GmbH & Co. KG, Berlin, DE

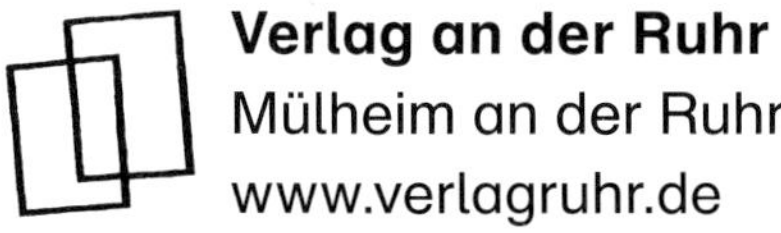

Verlag an der Ruhr
Mülheim an der Ruhr
www.verlagruhr.de

Geeignet für die Klassen 4–6

ISBN 978-3-8346-3705-5

Das Nomen

Nomen sind Wörter für Lebewesen, Dinge, Gefühle und Ereignisse.
Meistens kannst du das damit Bezeichnete **sehen** und **anfassen**.
Viele Nomen gibt es im **Singular** (Einzahl) und im **Plural** (Mehrzahl).

Beispiel:

ein Schuh

zwei Schuhe

Tom oder Maria sind **Eigennamen**. Eigennamen sind auch Nomen.
Zu Eigennamen zählen auch die Namen von Städten, Ländern,
Bergen und Flüssen. Nomen schreibst du immer **groß**.

1. Kreise alle Nomen ein.

DEUTSCHLAND	SCHAUKEL	WEIL	SEIFE	MUTTER	ROT
OFT	GRÜN	ALPEN	LÖSCHEN	WEICH	KATZE
TAUCHEN	HINTER	GLÜHEN	DREHEN	KLOPFEN	GESTREIFT
HOCH	STUHL	BITTER	AB	BERLIN	RADIERGUMMI
KOCHEN	KASTANIE	AUTO	NEBEN	HOSE	KÜHLSCHRANK
KIM	ABER	BÜCHER	IHREM	GEHEN	ZUM

2. Hier sind alle Nomen kleingeschrieben. Kannst du sie trotzdem finden? Unterstreiche sie. Schreibe dann die Sätze richtig ab.

In den sommerferien waren wir in italien. Dort haben wir sonne, strand und meer genossen und viel eis gegessen. Wir haben auch einige städte besichtigt. Am schönsten war es in venedig. Denn man konnte in gondeln – das sind kleine boote – die stadt auf dem wasser erkunden. Die beste pizza gab es aber in rom.

© Verlag an der Ruhr | Autorinnen: Kistner/Thanuskody | ISBN 978-3-8346-3705-5 | www.verlagruhr.de

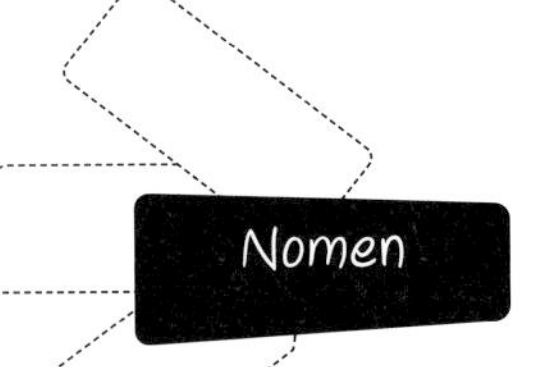

Abstrakte Nomen

Es gibt besondere Nomen. Du kannst das damit Bezeichnete weder sehen noch anfassen. Man nennt diese Wörter **abstrakte Nomen**. Alle anderen Nomen nennt man **konkrete Nomen**.

Beispiele:	**konkrete Nomen:**	**abstrakte Nomen:**
	der Apfel	der Wunsch
	die Tür	die Wahrheit
	das Buch	das Geheimnis

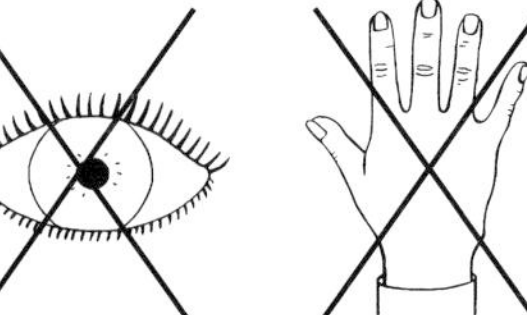

 **1. Sortiere die Wörter in die Tabelle ein. Denke an den Artikel.**

die Liebe	das Fahrrad	die Wut	die Lampe
der Tag	der Tiger	der Schlüssel	die Melone
das Ohr	der Traum	die Angst	der Hunger

konkrete Nomen	abstrakte Nomen

 **2. Ergänze die Tabelle mit weiteren Nomen.**

Besondere Endungen bei Nomen

Alle Wörter mit diesen **Endungen** sind Nomen:

-ung -heit -keit -nis -sal -ion -ling -schaft -tum

Durch diese Endungen kannst du schwierige Wörter leicht als Nomen erkennen. Der **Wortstamm** ist meist ein **Adjektiv** oder **Verb**.

Beispiele: reich – der Reichtum, erkennen – die Erkenntnis

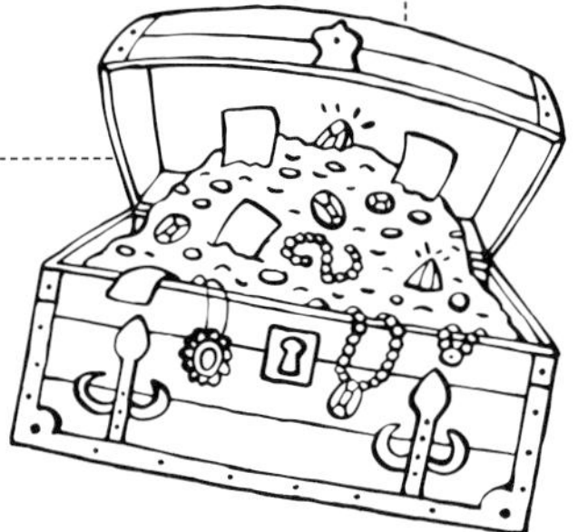

1. Bilde Nomen mit den vorgegebenen Endungen.

-ung	verzweifeln	Verzweiflung	**-ung**		
	entschuldigen				
-heit	krank		**-heit**		
	sicher				
-keit	dankbar		**-keit**		
	pünktlich				
-nis	ergeben		**-nis**		
	wild				
-sal	trüb		**-sal**		
	rinnen				
-ion	konzentrieren		**-ion**		
	funktionieren				
-ling	jung		**-ling**		
	winzig				
-schaft	verwandt		**-schaft**		
	Mann				
-tum	reich		**-tum**		
	wachsen				

2. Finde noch zwei weitere Beispiele zu jeder Endung.

© Verlag an der Ruhr | Autorinnen: Kistner/Thanuskody | ISBN 978-3-8346-3705-5 | www.verlagruhr.de

Zusammengesetzte Nomen

Nomen können **aus mehreren Wörtern zusammengesetzt** werden.
Den Artikel bestimmt immer das letzte Wort.

Beispiele: super + der Markt = der Supermarkt (Adjektiv + Nomen)
gehen + der Stock = der Gehstock (Verb + Nomen)
der Fuß + der Ball + das Spiel = das Fußballspiel (Nomen + Nomen + Nomen)

Manchmal musst du bei einem zusammengesetzten Nomen einen **Verbindungslaut** einfügen, zum Beispiel: **-e, -er, -n, -s.**

Beispiel: Geburtstag + Kuchen = Geburtstag<u>s</u>kuchen

1. Bilde zusammengesetzte Nomen aus zwei Wörtern. Schreibe sie mit Artikel auf. Denke an die Verbindungslaute.

Wolf	Maus	Bild	trinken
Wasser	Rudel	groß	Buch
wohnen	Schrank	Vater	Falle
Kleid	Zimmer	Brief	Kanne
Liebe	Herz	Wunsch	gießen

....

....

....

2. Aus den Wörtern von Aufgabe 1 lässt sich auch ein zusammengesetztes Nomen aus drei Wörtern bilden. Wie heißt es?

Tipp: Es handelt sich um ein Möbelstück.

....

3. Finde vier weitere zusammengesetzte Nomen, die aus mindestens drei Wörtern bestehen.

....

....

© Verlag an der Ruhr | Autorinnen: Kistner/Thanuskody | ISBN 978-3-8346-3705-5 | www.verlagruhr.de

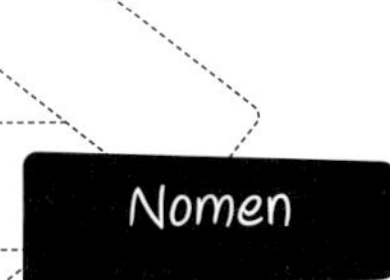

Nomen sortieren

Im Suchsel verstecken sich zwölf Nomen.
Finde sie und trage sie mit Artikel in die Tabelle ein.

I	C	N	P	C	J	N	Y	F	F	T	H	C	C	H	U	F	P
C	H	K	S	N	A	C	H	T	M	X	E	F	N	I	U	W	Y
W	S	Ä	Q	M	J	U	T	C	L	J	F	T	B	T	L	Q	Y
S	T	L	G	H	B	A	D	E	T	U	C	H	S	Z	D	K	J
P	L	T	G	N	B	Y	K	D	B	J	X	V	D	E	B	H	I
A	E	E	U	S	F	E	K	Y	T	H	T	Z	E	T	X	A	J
N	E	S	R	P	N	T	F	G	L	Ü	C	K	X	L	W	U	R
I	M	Q	F	C	A	W	L	L	L	W	T	C	P	B	G	S	Y
E	L	D	K	H	O	L	Z	W	U	R	M	M	G	A	G	T	E
N	X	U	U	Y	X	X	U	S	R	O	G	I	Y	Y	N	Ü	G
R	W	E	K	Ü	H	L	T	R	U	H	E	S	R	E	V	R	F
N	K	R	S	C	S	N	L	I	S	G	N	N	X	R	C	H	I
L	B	N	C	P	Q	L	Z	K	J	T	U	R	F	N	F	S	L
X	H	A	W	K	A	R	L	A	Q	S	X	I	P	L	P	K	I
F	N	T	D	H	I	P	K	J	V	Y	T	P	A	R	I	S	E
V	U	V	N	U	S	E	U	M	I	C	K	V	R	S	I	J	T

abstrakte Nomen	zusammengesetzte Nomen	Eigennamen

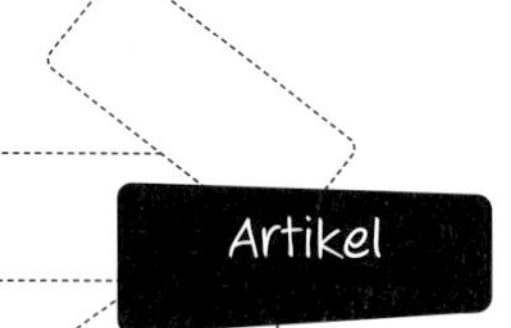

Bestimmte und unbestimmte Artikel

Nomen haben ein grammatisches **Geschlecht**: Sie sind maskulin (männlich), feminin (weiblich) oder neutral (sächlich). Das Geschlecht erkennst du an dem Artikel, der das Nomen begleitet. Der Artikel verrät dir auch den **Numerus** des Nomens, also ob es im Singular (Einzahl) oder im Plural (Mehrzahl) steht. Man unterscheidet **bestimmte Artikel** und **unbestimmte Artikel.**

Bestimmte Artikel:	**Unbestimmte Artikel:**	*Beispiele:*
der →	ein	der Mann – ein Mann
die →	eine	die Frau – eine Frau
das →	ein	das Auto – ein Auto
dem →	einem	
den →	einen	
des →	eines	
der →	einer	

 **Unterstreiche die Artikel und kreuze an.**

Die angekreuzten Buchstaben ergeben der Reihenfolge nach ein Lösungswort.

	bestimmter Artikel	**unbestimmter Artikel**
Laut brüllt der Löwe.	K	F
Ein Hahn tanzt im Schottenrock.	E	I
Auf dem Eis steppen die Pinguine.	N	M
Vroni mag den grünen Pulli am liebsten.	O	A
Das Ladegerät ist verschwunden.	G	L
Hinter einem Baum lauern Wölfe.	P	U
Eines Tages werde ich reich sein.	W	T
Flog der Computer aus dem Fenster?	S	H
Belustigt beobachtet Karim einen Affen.	J	C
Dem Papagei geht es nicht gut.	H	O
Wichtig ist mir die Freundschaft.	E	M
Hilfst du mir, ich suche einen Schnellhefter?	R	I
Hol mir den Eistee!	N	E

Lösungswort: ....

© Verlag an der Ruhr | Autorinnen: Kistner/Thanuskody | ISBN 978-3-8346-3705-5 | www.verlagruhr.de

Das Verb

Verben beschreiben, was **geschieht** oder **ist**. Du schreibst sie in der Regel **klein**. Verben können sich **verändern**.

Beispiele:

Infinitiv: **schreien**
Ich **schreie**.
Du **schreist**.
Er/Sie/Es **schreit**.
Wir **schreien**
Ihr **schreit**.
Sie **schreien**.

Infinitiv: **sein**
Ich **bin** wütend.
Du **bist** wütend.
Er/Sie/Es **ist** wütend.
Wir **sind** wütend
Ihr **seid** wütend.
Sie **sind** wütend.

Alle Verben haben einen **Infinitiv** (Grundform). Wenn du den Infinitiv wie im Beispiel veränderst, dann heißt das: **Verben konjugieren**.

1. Finde in den Wörterschlangen alle Verben und kreise sie ein.

KUCHENGEHENAUFPLÖTZLICHLESENMITLIEGENLAMPENSCHIRM

FÜLLENUNTERDIESEMJAGENFISCHERTEICHSITZENDREHENMIT

GLÄSERTRINKENWUNDERNIHMWUNDERBARKLATSCHENHAUS

FEUERWEHRFAHRENBLINKENZUSAMMENDANKENSCHRANKEN

PUTZENZÄHNESCHWERSCHWIMMENEISRÜHRENKALENDERAN

VORHANGDENKENKAUFENTOMATENSALATZWISCHENSINGEN

 **2. Finde zehn weitere Verben, die mit g beginnen.**

....

....

© Verlag an der Ruhr | Autorinnen: Kistner/Thanuskody | ISBN 978-3-8346-3705-5 | www.verlagruhr.de

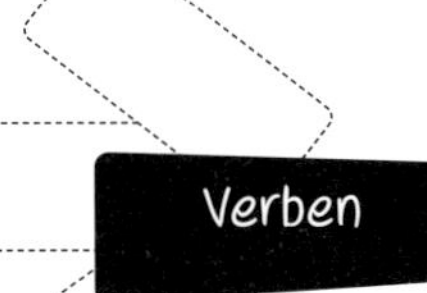

Regelmäßige Verben

Beim Konjugieren musst du die Verben an die Personalform anpassen. Man unterscheidet **sechs Personalformen**. Merke sie dir gut!

Singular (Einzahl)

1. Person: **ich**

2. Person: **du**

3. Person: **er/sie/es**

Plural (Mehrzahl)

1. Person: **wir**

2. Person: **ihr**

3. Person: **sie**

Konjugiere die Verben. Kreise die Endungen ein.

Infinitiv	lernen
1. Person Singular	ich lern(e)
2. Person Singular	
3. Person Singular	
1. Person Plural	
2. Person Plural	
3. Person Plural	

Infinitiv	holen
1. Person Singular	
2. Person Singular	
3. Person Singular	
1. Person Plural	
2. Person Plural	
3. Person Plural	

Infinitiv	lachen
1. Person Singular	
2. Person Singular	
3. Person Singular	
1. Person Plural	
2. Person Plural	
3. Person Plural	

Infinitiv	weinen
1. Person Singular	
2. Person Singular	
3. Person Singular	
1. Person Plural	
2. Person Plural	
3. Person Plural	

© Verlag an der Ruhr | Autorinnen: Kistner/Thanuskody | ISBN 978-3-8346-3705-5 | www.verlagruhr.de

Unregelmäßige Verben

Manche Verben verändern beim Konjugieren auch ihren Wortstamm.
Diese Verben heißen unregelmäßige Verben.

Beispiel: **sehen** → ich **sehe** – du **siehst**

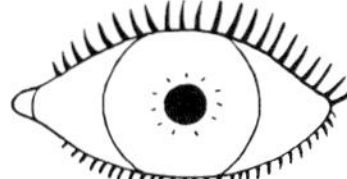

1. Trage die Verben in der richtigen Personalform in die Tabelle ein:

essen – sehen – fahren – halten

2. Kreise die Buchstaben ein, die sich verändern.

Infinitiv	
1. Person Singular	
2. Person Singular	
3. Person Singular	
1. Person Plural	
2. Person Plural	
3. Person Plural	

Infinitiv	
1. Person Singular	
2. Person Singular	
3. Person Singular	
1. Person Plural	
2. Person Plural	
3. Person Plural	

Infinitiv	
1. Person Singular	
2. Person Singular	
3. Person Singular	
1. Person Plural	
2. Person Plural	
3. Person Plural	

Infinitiv	
1. Person Singular	
2. Person Singular	
3. Person Singular	
1. Person Plural	
2. Person Plural	
3. Person Plural	

© Verlag an der Ruhr | Autorinnen: Kistner/Thanuskody | ISBN 978-3-8346-3705-5 | www.verlagruhr.de

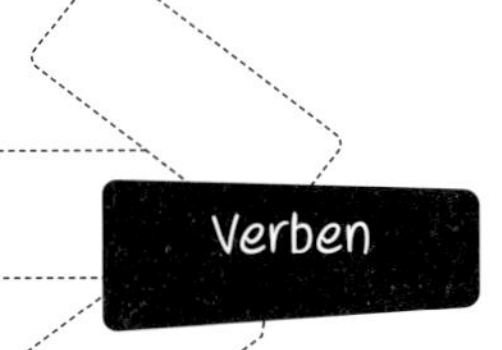

Regelmäßige und unregelmäßige Verben

1. Schreibe die Verben in der richtigen Personalform.

3. Person Singular von **essen**: er isst
1. Person Plural von **holen**: ....
2. Person Plural von **lesen**: ....
1. Person Singular von **sprühen**: ....
3. Person Singular von **laufen**: ....
1. Person Plural von **finden**: ....
2. Person Singular von **halten**: ....
3. Person Plural von **rennen**: ....
2. Person Singular von **jammern**: ....
1. Person Plural von **backen**: ....
3. Person Singular von **basteln**: ....
1. Person Singular von **putzen**: ....
2. Person Plural von **gießen**: ....
3. Person Singular von **fahren**: ....
2. Person Singular von **lassen**: ....
2. Person Singular von **schlürfen**: ....
1. Person Singular von **gehen**: ....
2. Person Singular von **nehmen**: ....
1. Person Plural von **beenden**: ....

2. Wähle sechs Verben aus Aufgabe 1 aus. Schreibe zu jedem Verb einen Satz. Verwende dabei jede Personalform nur einmal.

....

....

....

....

....

© Verlag an der Ruhr | Autorinnen: Kistner/Thanuskody | ISBN 978-3-8346-3705-5 | www.verlagruhr.de

Verben

Hilfsverben

Die Verben **„sein", „werden"** und **„haben"** werden manchmal als Vollverben, manchmal als Hilfsverben verwendet. Du nennst sie **Vollverben**, wenn sie für sich allein stehen und „richtige" Verben sind. Dann beschreiben sie einen **Zustand**:

Beispiel: Du **bist** müde. Er **hat** Hunger. Das Wetter **wird** morgen besser.

Die Verben „sein", „werden" und „haben" können aber auch anderen Verben helfen, eine bestimmte **Zeitform** oder das **Passiv** zu bilden. Du nennst sie dann **Hilfsverben**.

Beispiele:
Ich **bin geschwommen**. (2. Vergangenheit)
Du **hast verschlafen**. (2. Vergangenheit)
Er **wird gewinnen**. (Zukunft)
Ich **werde geschlagen**. (Gegenwart, Passiv)

 **1. Trage die Verben in der richtigen Personalform in die Tabelle ein.**

Infinitiv	sein	haben	werden
1. Person Singular	ich bin		
2. Person Singular	du bist		
3. Person Singular			
1. Person Plural			
2. Person Plural			
3. Person Plural			

 **2. Setze die Verben in der passenden Personalform ein:** sein – haben – werden
Unterstreiche alle Verben. Markiere Vollverben grün und Hilfsverben gelb.

Meine Eltern .... ein neues Auto.

Es .... morgen regnen.

Du .... ganz schön fleißig.

Das Wetter .... wieder besser.

Du .... das noch bereuen.

© Verlag an der Ruhr | Autorinnen: Kistner/Thanuskody | ISBN 978-3-8346-3705-5 | www.verlagruhr.de

Modalverben

Diese Verben nennt man Modalverben:
können – dürfen – müssen – sollen – wollen – mögen
Modalverben stehen zusammen mit dem Infinitiv (Grundform) eines Vollverbs.

Beispiel: Feliz **<u>muss</u>** ihre Haare **schneiden**.
↓ Modalverb ↓ Vollverb im Infinitiv

 **1. Unterstreiche Vollverben grün und Modalverben gelb.**

Ursula kann gut rechnen.
Die Hunde dürfen nicht laut bellen.
Willst du mit mir spielen?
Möchtest du mitkommen?
Ihr sollt jetzt ins Bett gehen!
Morgens muss ich um 6:30 Uhr aufstehen.

2. Schreibe die Sätze um. Verwende die angegebenen Modalverben.

Die Jungen spielen draußen. (dürfen)

....

Du deckst den Tisch! (sollen)

....

Der Mechaniker prüft die Bremsen. (müssen)

....

Ihr gießt die Blumen. (können)

....

Ole und Alex gehen ins Kino. (wollen)

....

Die Schüler machen ihre Hausaufgaben. (müssen)

....

Ich sage etwas. (mögen)

....

Der Imperativ

Der Imperativ ist die **Befehlsform** des Verbs. Der Imperativ wird in der **Du-Form** häufig in der **2. Person Singular** ohne Personalpronomen und die Endung „-st“ gebildet.

Beispiele:

du wartest → ~~du~~ warte~~st~~ → **Warte!**
du springst → ~~du~~ spring~~st~~ → **Spring!**
du gibst → ~~du~~ gib~~st~~ → **Gib!**
du siehst → ~~du~~ sieh~~st~~ → **Sieh!**

Wenn sich die Aufforderung an **mehrere Personen richtet**, verwendest du das Verb in der **2. Person Plural** ohne Personalpronomen.

Beispiele: springen – **Springt!** geben – **Gebt!** sehen – **Seht!**

1. Formuliere zu den Antworten die Aufforderungen im Imperativ.

Hol das Buch! .... Ich werde das Buch holen.
.... Ich werde das Lied spielen.
.... Wir werden zuhören.
.... Wir werden aufpassen.
.... Ich werde dir helfen.
.... Ich werde warten.
.... Ich werde heimgehen.
.... Wir werden schneller laufen.
.... Ich werde den Stift hergeben.
.... Wir werden die Blumen gießen.
.... Wir werden einsteigen.
.... Wir werden losfahren.

2. Formuliere zu jedem Bild eine Aufforderung.

....

© Verlag an der Ruhr | Autorinnen: Kistner/Thanuskody | ISBN 978-3-8346-3705-5 | www.verlagruhr.de

Großschreibung von Verben

Eigentlich schreibst du Verben klein. Doch es gibt Sätze, in denen Verben die Stelle eines Nomens einnehmen. Dann musst du sie **großschreiben**. Diese Verben nennt man **nominalisierte Verben**.

Nach diesen Wortarten schreibst du Verben groß:
- **Artikel:** Das Lesen macht mir Spaß.
- **Präposition:** Beim Laufen stolpert Rosalie.
- **Pronomen:** Dein Lachen macht mich froh.
- **Numerale:** Viel Üben bringt Erfolg.

Überlege, ob du das Verb groß- oder kleinschreiben musst.

Hört auf zu .... (*lachen*). Euer .... (*lachen*) geht mir auf die Nerven.

Ich .... (*spielen*) gern mit Mattis. Das .... (*spielen*) mit ihm macht mir Spaß.

Die Kinder .... (*rechnen*) viele Aufgaben im Kopf. Das .... (*rechnen*) fällt ihnen leicht.

Du .... (*schwimmen*) jeden Tag. Im .... (*schwimmen*) bist du richtig gut.

Mit den Autos zu .... (*rasen*) ist gefährlich. Deshalb ist das .... (*rasen*) verboten.

Kängurus .... (*hüpfen*). Beim .... (*hüpfen*) schlagen sie Haken.

Sein .... (*kreischen*) tut mir in den Ohren weh. Der Papagei .... (*kreischen*) so laut.

Das .... (*schnattern*) der Enten ist lustig. Sie .... (*schnattern*) den ganzen Tag.

© Verlag an der Ruhr | Autorinnen: Kistner/Thanuskody | ISBN 978-3-8346-3705-5 | www.verlagruhr.de

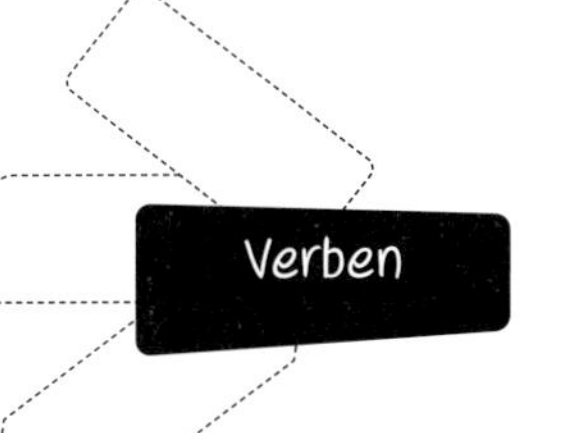

Verben

Verben sortieren

 **Unterstreiche alle Verben. Trage sie richtig sortiert in die Tabelle ein.**

An einem Regentag kommen zwei Freunde zu Besuch. Winnie und Ben klingeln schon an der Tür. „Ihr wartet in meinem Zimmer und ich hole die Autorennbahn!", rufe ich und bin schon halb auf dem Weg in den Keller. „Rennst du bitte nicht so schnell?", schimpft Mama.
Gemeinsam errichten wir dann die magnetische Bahn. „Gibst du mir die Brücke?", fragt Winnie. „Klar. Hast du die Autos?", meint Ben. Und schon rasen die Autos im Kreis. Nach einer Weile ruft Mama aus der Küche: „Seid ihr hungrig? Ich habe hier noch Kekse. Holst du sie, Nico? Und denkst du auch an einen Teller?" Wir essen die Kekse und spielen nebenher. Ben seufzt: „Was für ein schöner Regentag! Findest du nicht auch, Nico?" Ich nicke und antworte mit vollem Mund: „Auf jeden Fall!" Plötzlich steckt mein Vater seinen Kopf durch die Zimmertür: „Ihr spielt ja sehr friedlich. Aber ihr kennt euch ja auch schon sehr lange." Meine Freunde grinsen und wir alle nicken.

1. Person Singular	2. Person Singular	3. Person Singular
1. Person Plural	**2. Person Plural**	**3. Person Plural**
		sie kommen

Aufgaben-Icon(s): © Verlag an der Ruhr, Kind: © Anja Boretzki

© Verlag an der Ruhr | Autorinnen: Kistner/Thanuskody | ISBN 978-3-8346-3705-5 | www.verlagruhr.de

Das Adjektiv

Adjektive sind **Eigenschaftswörter**. Sie beschreiben, wie Lebewesen und Dinge sind und welche Eigenschaften sie haben.
Adjektive schreibst du in der Regel **klein**.

Beispiel: Der Clown ist lustig.
Wie ist der Clown?
Das Adjektiv heißt „lustig".

Kreise die Adjektive ein. In jeder Zeile bleibt ein Wort übrig. Die Wörter ergeben einen Lösungssatz.

bunt	hübsch	morgens	eckig
hoch	essen	lang	flüssig
klebrig	widerlich	wir	gesund
zum	hungrig	blau	fröhlich
leise	sonnig	nass	Frühstück
weich	spannend	immer	langsam
hart	aufregend	glatt	ein
unangenehm	Müsli	regnerisch	witzig
oval	gelb	mit	ängstlich
wundervoll	dumm	Obst	rund
richtig	und	leicht	lecker
eklig	leer	stürmisch	Honig

Lösungssatz:

....

....

....

Aufgaben-Icon(s): © Verlag an der Ruhr, alle anderen Illustrationen: © Anja Boretzki

© Verlag an der Ruhr | Autorinnen: Kistner/Thanuskody | ISBN 978-3-8346-3705-5 | www.verlagruhr.de

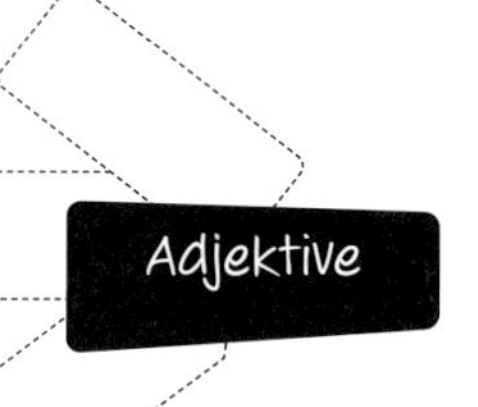

Adjektive erfragen

Erfrage die Adjektive wie im Beispiel und unterstreiche sie.

Amira besucht ihren kranken Freund.

Wie ist der Freund? → *krank*

Das kleine Haus steht auf dem Hügel.

.... → ....

Unter dem Bett liegen die grünen Socken.

.... → ....

Ein wilder Sturm tobt in der Nacht.

.... → ....

Die Blumenerde ist noch nass.

.... → ....

Im Sommer esse ich köstliches Erdbeereis.

.... → ....

Heute Abend besuchen wir eine spannende Theateraufführung.

.... → ....

Im Kino kauft Elian eine große Tüte Popcorn.

.... → ....

Das Faultier ist langsam.

.... → ....

Um das glühende Feuer herum sitzen Kinder.

.... → ....

Für meinen Tee brauche ich heißes Wasser.

.... → ....

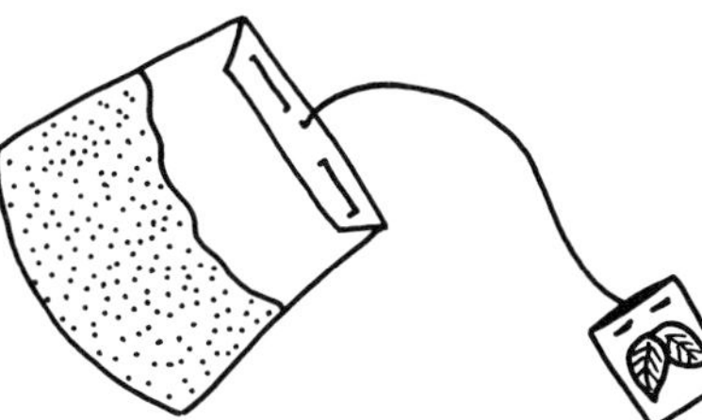

Adjektive steigern

Du kannst **Adjektive steigern**, um etwas zu **vergleichen**:

Leon ist schnell. Emma ist schneller. Tolga ist am schnellsten.

Grundstufe (Positiv) **Steigerungsstufe** (Komparativ) **Höchststufe** (Superlativ)

Manche Adjektive beschreiben Eigenschaften, die nicht veränderbar sind. Sie lassen sich deshalb nicht steigern.

Beispiele: Der Mülleimer ist leer. Der Mann ist stumm.

1. Fülle die Tabelle aus. Streiche das Adjektiv, das sich nicht steigern lässt. Ergänze die Tabelle mit eigenen Beispielen.

Grundstufe	Steigerungsstufe	Höchststufe
dick		
	schöner	
tot		
		am billigsten

2. Trage die passenden Formen ein und merke sie dir gut.

besser – am höchsten – näher – am besten – höher – am nächsten

Grundstufe	Steigerungsstufe	Höchststufe
gut		
hoch		
nah		

© Verlag an der Ruhr | Autorinnen: Kistner/Thanuskody | ISBN 978-3-8346-3705-5 | www.verlagruhr.de

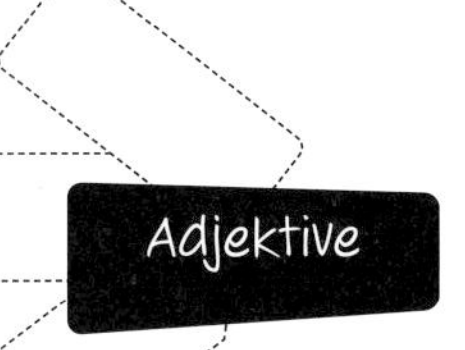

Mit Adjektiven vergleichen

Mit Adjektiven kannst du Vergleiche anstellen.
Wenn etwas **unterschiedlich** ist, verwendest du die **Steigerungsstufe** und „**als**". Wenn etwas **genau gleich** ist, verwendest du die **Grundstufe** und „**wie**".

Beispiele:
Mia ist **größer** **als** Lara.
Mia ist **kleiner** **als** Chan.
Lara ist **genauso** **groß** **wie** Paul.

 **Schreibe zu den Bildern Vergleichssätze mit den vorgegebenen Adjektiven.**

schwer – leicht

Die Maus ist .... die Ameise.

Die Maus ist .... die Katze.

Die Katze ist ....

.... der Hund.

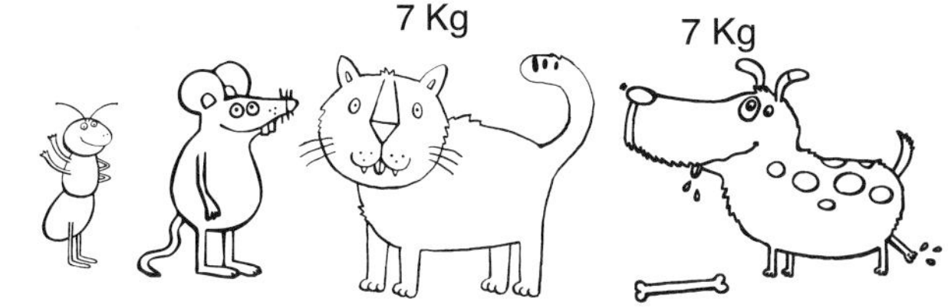

jung – alt

Der Junge ist .... das Baby.

Der Junge ist .... die Frau.

Die Frau ist ....

.... der Mann.

lang – kurz

Rafis Haare sind .... Jans Haare.

Rafis Haare sind .... Ellas Haare.

Ellas Haare sind ....

.... Annes Haare.

© Verlag an der Ruhr | Autorinnen: Kistner/Thanuskody | ISBN 978-3-8346-3705-5 | www.verlagruhr.de

Besondere Endungen bei Adjektiven

Wörter mit diesen Endungen sind in der Regel Adjektive:
-lich -ig -los -isch -bar -sam -haft

Mit diesem Trick kannst du schwierige Wörter leicht als Adjektive erkennen.

Beispiele:
pünktlich, geizig, erfolglos, tierisch, sonderbar, betriebsam, ekelhaft

1. Wie heißen die Adjektive? Verbinde und schreibe sie unten auf die Linien.

gedanken	-lich	sprung	-lich
wasch	-ig	bedeutungs	-ig
maler	-los	schein	- los
streb	-isch	geiz	-isch
lach	-bar	wach	-bar
fröh	-sam	ängst	-sam
öl	-haft	telefon	-haft

....

....

....

2. Finde zu jeder Endung noch drei weitere Adjektive. Schreibe in dein Heft.

3. Bilde Adjektive durch Anhängen der Endungen. Findest du alle Möglichkeiten?

ehr- ....

acht- ....

wunder- ....

© Verlag an der Ruhr | Autorinnen: Kistner/Thanuskody | ISBN 978-3-8346-3705-5 | www.verlagruhr.de

Zusammengesetzte Adjektive

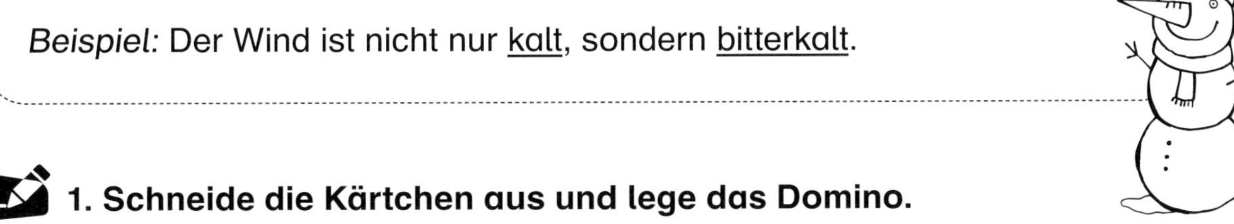

Zusammengesetzte Adjektive beschreiben **noch genauer**, wie etwas ist. Der erste Teil kann ein Nomen, ein Verb oder ein anderes Adjektiv sein.

Beispiel: Der Wind ist nicht nur kalt, sondern bitterkalt.

1. Schneide die Kärtchen aus und lege das Domino.

2. Schreibe alle zusammengesetzten Adjektive in dein Heft.

START	MESSER	SCHÖN	FEUER
SCHWER	HIMMEL	REICH	KNALLEN
NASS	LAMM	STEIF	PECH
WEICH	FEDER	TIEF	STROH
DÜRR	STEIN	SCHARF	FAUST
DICK	TRIEFEN	LEICHT	SPIEGEL
FROMM	BILD	SCHWARZ	KNÖCHEL
GLATT	SPINDEL	BLAU	BUTTER
DUMM	**ENDE**	ROT	BLEI
SCHNELL	STOCK	BUNT	PFEIL

Großschreibung von Adjektiven

Eigentlich schreibst du Adjektive klein. Doch es gibt Sätze, in denen Adjektive die Stelle eines Nomens einnehmen. Dann musst du sie großschreiben. Diese Adjektive nennt man **nominalisierte Adjektive.**

Nach diesen Wortarten schreibst du Adjektive groß:

- **Artikel:** Der Faule tut den ganzen Tag nichts.
- **Präposition:** Im Allgemeinen bin ich zufrieden.
- **Pronomen:** Er gibt sein Bestes.
- **Numerale:** Etwas Unglaubliches ist passiert.

1. Setze in die Lücken das passende nominalisierte Adjektiv ein.

schön – geizig – fröhlich – blau – schnell – traurig – schlimm – aufregend – rot – neu – nützlich

Der .... gibt nichts ab.

Du musst dich leider auf etwas .... gefasst machen.

Der .... ist gut gelaunt.

Eine Fahrt ins .... macht allen Freude.

Im Urlaub hat Toni etwas .... erlebt.

Allerlei .... hat mir Opa über Autos beigebracht.

Einige .... rennen 100 Meter in 6 Sekunden.

Die .... weint viel.

Beginnen wir aufs ....

Gestern hat Olga im Park viel .... gesehen.

Das .... des Sonnenaufgangs ist wunderschön.

2. Nominalisiere die Adjektive und bilde Sätze.

gut: Das Gute im Leben merkt man sich.

süß: ....

lahm: ....

weit: ....

gelb: ....

© Verlag an der Ruhr | Autorinnen: Kistner/Thanuskody | ISBN 978-3-8346-3705-5 | www.verlagruhr.de

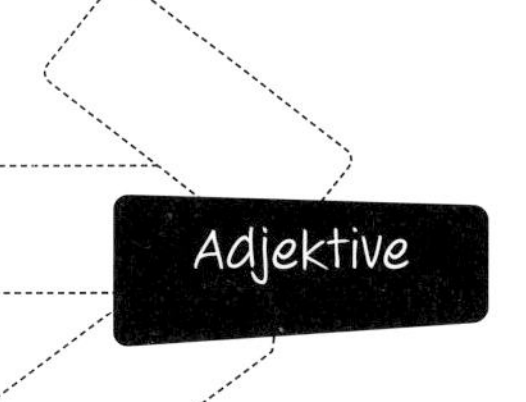

Adjektive sortieren

1. Unterstreiche alle Adjektive. Trage sie in die Tabelle ein.

An einem frühlingshaften, herrlichen Tag ging Jule in den sonnigen Garten. Dort war sie am liebsten. Die Blumen erstrahlten in den buntesten Farben. Die Tulpen blühten am schönsten. Das Mädchen setzte sich ins samtweiche Gras und blickte in den hellblauen Himmel. Eine blitzschnelle Libelle flog über Jules Kopf hinweg und an ihrem Ohr summte eine etwas dickere Hummel. Auf einem älteren Baum erblickte das Mädchen eine pechschwarze Amsel, die eine wunderbare Melodie zwitscherte. Plötzlich sprang ein winziger Grashüpfer auf seine Hand. Er war federleicht und Jule betrachtete das harmlose Tier mit neugierigem Blick. Die spindeldürren Beinchen des Insektes kitzelten auf Jules Haut.
Das Kribbeln wurde immer stärker und das Tier hüpfte ins knöchelhohe Gras zurück. „Morgens kann man die Tiere am besten beobachten“, dachte sich Jule und ging zurück ins Haus.

Adjektive mit besonderen Endungen (Grundform)	**zusammengesetzte Adjektive** (Grundform)	**gesteigerte Adjektive** (Steigerungsstufe/Höchststufe)

2. Aus welchen Wörtern bestehen die zusammengesetzten Adjektive? Schreibe sie in dein Heft.

3. Schreibe die gesteigerten Adjektive mit allen drei Steigerungsstufen in dein Heft.

© Verlag an der Ruhr | Autorinnen: Kistner/Thanuskody | ISBN 978-3-8346-3705-5 | www.verlagruhr.de

Das Personalpronomen

Personalpronomen sind **persönliche Fürwörter**:

ich – du – er/sie/es – wir – ihr – sie

Personalpronomen können **anstelle eines Nomens** stehen und so Wort-Wiederholungen vermeiden. Du schreibst sie in der Regel **klein**. Personalpronomen können sich in ihrer Form verändern.

Beispiele:

Der Junge heißt Alex.
→ **Er** heißt Alex.

Das Mädchen küsst den Jungen.
→ Das Mädchen küsst **ihn**.

1. Unterstreiche alle Personalpronomen im Text.

Die Freunde Chris, Tina und Sofia sind um drei Uhr verabredet. Die Mädchen kommen wieder zu spät. Sie sind nie pünktlich. „Endlich seid ihr da! Ich warte schon seit zehn Minuten!", ruft Chris. „Cam hat morgen Geburtstag. Wir brauchen ein Geschenk." Sofia hat eine Idee: „Er geht doch gern ins Kino. Was haltet ihr von einer Eintrittskarte?" Tina ist ganz begeistert: „Au ja! Dann gehen wir alle zusammen hin!" Chris fragt die Mädchen: „Besorgt ihr die Karten?" Sie nicken und sausen sofort los.

2. Ersetze die Wörter durch passende Personalpronomen.
Achtung: Ein Personalpronomen musst du in seiner Form verändern.

Auf dem Baum singen ....
die Lerchen

.... fahren gern Inline-Skates.
Meine Freunde und ich

Im Winter hält .... Winterschlaf.
der Igel

Das Mädchen gibt .... ein Geschenk.
der Junge

Im Supermarkt zählt .... das Kleingeld.
die Kassiererin

© Verlag an der Ruhr | Autorinnen: Kistner/Thanuskody | ISBN 978-3-8346-3705-5 | www.verlagruhr.de

Das Reflexivpronomen

Reflexivpronomen sind **rückbezügliche Fürwörter**. Sie beziehen sich auf die genannte Person oder den genannten Gegenstand zurück. Reflexivpronomen schreibst du **klein**.

Singular:	**Plural:**	*Beispiel:*
1. Person: **mich/mir**	1. Person: **uns**	Ich sehe mich.
2. Person: **dich/dir**	2. Person: **euch**	
3. Person: **sich**	3. Person: **sich**	

 **1. Unterstreiche das Reflexivpronomen gelb und die Person, auf die es sich bezieht, grün.**

Ich kaufe mir eine Tafel Schokolade.

Die Schüler freuen sich auf die Sommerferien.

Klara und ihr Hund sehen sich einen Film im Fernsehen an.

Du holst dir ohne Mütze bestimmt eine Erkältung.

Er sieht sich im Spiegel an.

 **2. Setze die fehlenden Reflexivpronomen ein.**

Sonja wundert ...., dass ihre Turnschuhe zu klein sind.

Anna und Iwan treffen .... zum Spielen.

Ich habe .... seinen Namen nicht gemerkt.

Hast du .... den Film schon angesehen?

Sorgst du .... wegen des Unwetters?

Bahar fürchtet .... vor großen Hunden.

Setz .... bitte auf deinen Stuhl!

Wir freuen .... über den Gewinn.

Ihr müsst .... beeilen.

Hast du .... erkältet?

Ihr solltet .... schämen!

Katja kämmt .... die kurzen Haare.

© Verlag an der Ruhr | Autorinnen: Kistner/Thanuskody | ISBN 978-3-8346-3705-5 | www.verlagruhr.de

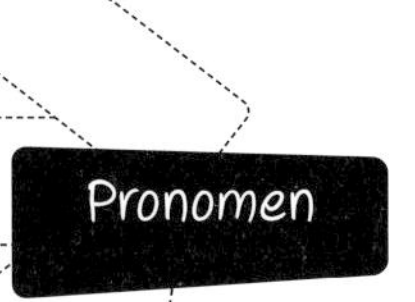

Pronomen

Das Possessivpronomen

Possessivpronomen sind **besitzanzeigende Fürwörter**. Sie zeigen an, wem oder zu wem etwas gehört. Possessivpronomen schreibst du **klein**. Sie können sich in ihrer Form verändern:

Singular:	**Plural:**
1. Person: **mein/meine**	1. Person: **unser/unsere**
2. Person: **dein/deine**	2. Person: **euer/eure**
3. Person: **sein/seine, ihr/ihre**	3. Person: **ihr/ihre**

Beispiele:

Das ist mein Platz. Da sitzt meine Freundin. Wo sind eure Plätze?

1. Unterstreiche die Possessivpronomen.
Achtung: In den Sätzen verstecken sich zum Teil auch andere Pronomen.

Kann dein Bruder seinen Fußball an meine Schwester ausleihen?
Unter dem Eis in unserem Teich schwimmen kleine Fische im Kreis.
In ihrem Keller stehen ihr Roller und sein Fahrrad zwischen seinen Bücherkisten.
Seine Eltern wundern sich, wo er so viel über ihre Lieblingsstadt Rom gelernt hat.
Unserem Kater gefällt sein Kratzbaum, der sich in meinem Zimmer befindet.
Vor unserer Garage schläft euer Hund im Schatten und liegt uns so im Weg.

2. Setze das passende Possessivpronomen ein.

Kannst du mir .... (du) Lineal leihen?
Das Fahrrad gehört .... (er) Bruder.
Sie sucht .... (sie) linken Schuh.
Das ist .... (wir) Lieblingsrezept.
Ich treffe .... (ich) Onkel Torben.
Heute besucht uns .... (wir) Oma.
.... (wir) Ausflug in den Zoo war toll.
Zu .... (sie) Fest bringe ich einen Salat mit.
.... (sie) Aussprache ist viel besser geworden.
Ich gehe jeden Tag mit .... (ich) Hund spazieren.
Wir sind zu spät, denn ....(er) Auto hatte eine Panne.

© Verlag an der Ruhr | Autorinnen: Kistner/Thanuskody | ISBN 978-3-8346-3705-5 | www.verlagruhr.de

Das Demonstrativpronomen

Demonstrativpronomen sind **hinweisende Fürwörter**. Du verwendest sie, um etwas Bestimmtes hervorzuheben. Demonstrativpronomen können ihre Form verändern.

dieser	**derjenige**	**derselbe**	**jener**	**solcher**	**der**
diese	**diejenige**	**dieselbe**	**jene**	**solche**	**die**
dieses	**dasjenige**	**dasselbe**	**jenes**	**solches**	**das**

Achtung: Es gibt Artikel, die als Demonstrativpronomen gebraucht werden. Sie ersetzen dann ein Nomen.

Beispiel: Ich möchte diesen Pullover anziehen, nicht den.
(„den" ersetzt „Pullover")

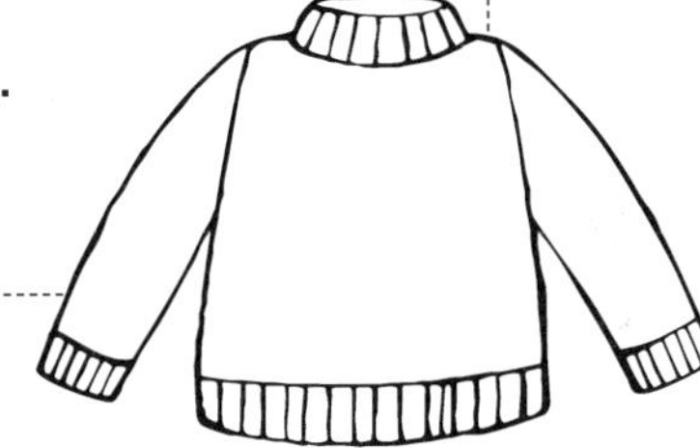

1. Setze das passende Demonstrativpronomen ein.

dieser – demjenigen – denen – solche – derselbe – jenen

.... Tannenbaum ist der schönste von allen.

...................................., der meine Tasche findet, gebe ich eine Belohnung.

Ich erinnere mich noch gut an .... Tag im Februar.

.... Fehler ist mir gestern schon passiert.

Die Meiers? Bei .... war ich neulich eingeladen.

.... Feste gibt es selten.

2. Kreuze die Demonstrativpronomen an.
Die Buchstaben hinter den angekreuzten Wörtern ergeben ein Lösungswort.

❑ seinem (S)	❑ dieser (K)	❑ ihres (I)	❑ welche (T)	❑ mir (E)
❑ derjenige (A)	❑ sich (N)	❑ solche (U)	❑ dieses (G)	❑ mich (M)
❑ jene (U)	❑ meines (R)	❑ dasselbe (M)	❑ solchem (M)	❑ jenes (I)

Lösungswort: ....

© Verlag an der Ruhr | Autorinnen: Kistner/Thanuskody | ISBN 978-3-8346-3705-5 | www.verlagruhr.de

Das Relativpronomen (1/2)

Relativpronomen leiten immer einen **Nebensatz** ein. Sie beziehen sich auf ein Nomen im Hauptsatz. Einen Satz, der mit einem Relativpronomen beginnt, nennt man **Relativsatz**. Er wird durch ein oder zwei Kommas abgetrennt.

Relativpronomen:
der, die, das, welcher, welche, welches, dessen, deren

Beispiel:
Gibst du mir bitte das Buch zurück, welches ich dir geliehen habe.

So kannst du Relativpronomen und Artikel unterscheiden:
Die Relativpronomen „der", „die", „das" kannst du im Satz durch „welcher", „welche" oder „welches" ersetzen, einen Artikel nicht.

Beispiel: Das Pferd, **das (welches)** auf der Weide steht, heißt Rosa.
Artikel *Relativpronomen*

Unterstreiche die Relativpronomen.

Frau Mosbach ist eine Ärztin, die sehr beliebt ist.
Die Limonade, die sehr sauer ist, lieben alle Kinder.
Paul ist ein Fußballspieler, der viele Tore schießt.
Der Tisch, dessen Bein kaputt ist, wackelt.
Die Ziege, welche auf der Wiese herumspringt, ist noch ganz jung.
Die Passagiere, deren Zug Verspätung hat, sind wütend.
Die Mädchen, die hinter uns sitzen, kichern laut.
Der Kuchen, der noch im Ofen steht, riecht verführerisch.
Wie schmecken dir die Erdbeeren, die Papa gekauft hat?
Das Hallenbad, welches neben unserem Haus steht, ist jeden Tag geöffnet.
Der Frosch, der in meiner Hand sitzt, ist glitschig.
Der Kastanienbaum, welcher im Park steht, trägt viele Früchte.
Meine Brüder, deren Zimmer oben ist, hören ihre Lieblingsmusik.

© Verlag an der Ruhr | Autorinnen: Kistner/Thanuskody | ISBN 978-3-8346-3705-5 | www.verlagruhr.de

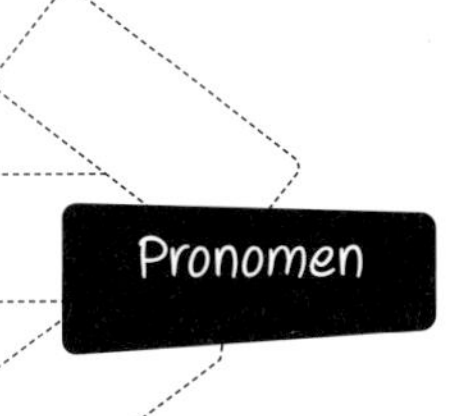

Pronomen

Das Relativpronomen (2/2)

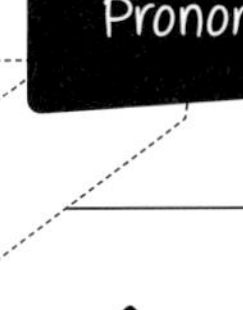

Bilde aus den beiden Sätzen einen Relativsatz. Unterstreiche das Relativpronomen.

Das Eichhörnchen klettert gut. Seine Krallen sind spitz.

Das Eichhörnchen, dessen Krallen spitz sind, klettert gut.

oder: Das Eichhörnchen, das gut klettert, hat spitze Krallen.

Die Flasche steht auf dem Tisch. Die Flasche gehört mir.

Ich esse Kuchen. Der Kuchen schmeckt lecker.

Der Hund rennt auf mich zu. Sein Schwanz wedelt.

Die Frau kauft Gemüse. Die Frau schiebt den Einkaufswagen.

Die Patientin hat Zahnschmerzen. Die Patientin bekommt schnell einen Termin.

Das Mädchen lacht. Das Mädchen steht im Flur.

© Verlag an der Ruhr | Autorinnen: Kistner/Thanuskody | ISBN 978-3-8346-3705-5 | www.verlagruhr.de

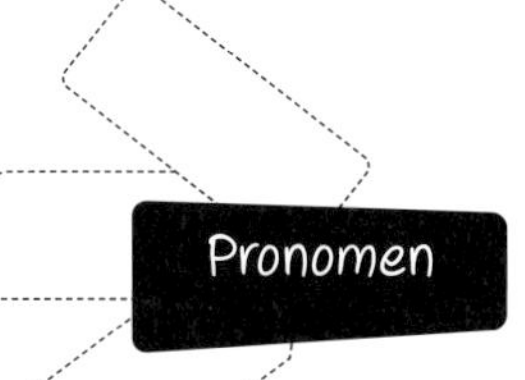

Pronomen sortieren

Unterstreiche die Pronomen in den angegebenen Farben.
Achtung: Manchmal sind mehrere Pronomen in einem Satz.

Personalpronomen: gelb
Possessivpronomen: grün
Demonstrativpronomen: blau
Relativpronomen: orange

Marie, die schon drei Jahre Gitarre spielt, übt sehr fleißig.

Heute kocht Tante Ursula mein Leibgericht.

Die Känguru-Mama, welche ihr Kind im Beutel trägt, hüpft vorsichtig.

Gib Anke ihren Stift zurück!

Du wäschst den Salat.

Diese Tomaten sind schön rot.

Der Joghurt, der im Kühlschrank steht, ist abgelaufen.

Morgen fahren wir in den Urlaub nach Österreich.

Solche Ferientage sind die besten.

Dominique räumt unsere Spülmaschine aus.

Derjenige, der mitspielen will, muss jetzt aufstehen.

Euer Spiel macht Spaß.

Ihr habt richtig Glück gehabt!

Dasselbe habe ich auch gerade gedacht.

Der Bach, welcher hinter dem Schuppen fließt, hat Hochwasser.

Ich mag nur diejenigen einladen, die nett sind.

Siehst du das Mädchen, das in der ersten Reihe sitzt?

Adverbien des Ortes – Lokaladverbien

Lokaladverbien machen genauere **Angaben** über den **Ort**. Sie sind **unveränderlich**. Du kannst sie mit „**Wo?**“, „**Wohin?**“ oder „**Woher?**“ erfragen.

Beispiele: Die DVD steht <u>oben</u> im Regal. **Wo** steht die DVD im Regal?
Wir sollen nach <u>draußen</u> gehen. **Wohin** sollen wir gehen?
Das Auto kam von <u>links</u>. **Woher** kam das Auto?

Unterstreiche in jedem Satz das Lokaladverb. Mit welchem Fragewort (Wo? Wohin? Woher?) hast du das Adverb gefunden? Schreibe auf.

Heute spielen alle Schüler in der Pause draußen. ....

Lenja bringt das Buch dorthin. ....

Die glitzernden Steine liegen überall verteilt. ....

Nirgends finde ich meine zweite Socke. ....

Endlich geht es heimwärts. ....

Auswärts esse ich immer Pommes mit Schnitzel. ....

Frau Kohl zaubert irgendwoher Bonbons für alle. ....

Der Bus hält hier. ....

Auf einmal zersplittert nebenan eine Fensterscheibe. ....

Der Ball rollt unaufhörlich bergab. ....

Endlich sind alle Teilnehmer da. ....

Alexia schleicht sich von rechts an. ....

Lass die Katze nach draußen! ....

Der Junge muss hinten im Auto sitzen. ....

Oben schlafen alle und unten tanzen die Mäuse. ....

© Verlag an der Ruhr | Autorinnen: Kistner/Thanuskody | ISBN 978-3-8346-3705-5 | www.verlagruhr.de

Adverbien

Adverbien der Zeit – Temporaladverbien

Temporaladverbien machen genauere **Angaben** über einen **Zeitpunkt**, einen **Zeitraum, zeitliche Wiederholungen** und **Häufigkeiten**. Sie sind **unveränderlich**. Du kannst sie mit diesen Wörtern erfragen:
Wann? – Wie oft? – Wie lange?

Beispiele: Morgen gehen wir in den Zoo. **Wann** gehen wir in den Zoo?
Sie waren mehrmals in Spanien. **Wie oft** waren sie in Spanien?
Er ist ständig erreichbar. **Wie lange** ist er erreichbar?

1. Setze in jeden Satz ein passendes Temporaladverb ein.

morgens – stets – abends – bald – bisher – mehrmals
gestern – heute – endlich – danach – sofort – einst

.... war Montag und .... ist Dienstag.

Ich vermisse dich und muss .... an dich denken.

Wir haben das .... immer so gemacht.

.... lebten Dinosaurier auf der Erde.

Da seid ihr ja ....!

Die Sonne geht unter. .... wird es dunkel.

Wotan putzt sich .... und .... die Zähne.

Nach dem Unfall ruft der Zeuge .... einen Krankenwagen.

Oskar war .... auf der Schiffschaukel.

.... war ihm übel.

2. Unterstreiche die Temporaladverbien blau und die Lokaladverbien grün.

Morgens esse ich zwei Scheiben Brot und trinke ein Glas Milch.
Die Milch steht dort, neben dem Saft. Die Butter liegt unten im Kühlschrank.
Früher mochte ich Marmelade. Heute schmeckt mir Käse besser.

© Verlag an der Ruhr | Autorinnen: Kistner/Thanuskody | ISBN 978-3-8346-3705-5 | www.verlagruhr.de

Adverbien des Grundes - Kausaladverbien

Kausaladverbien machen genauere **Angaben** zu einem **Grund** oder einer **Bedingung**. Sie sind unveränderlich. Du kannst sie mit diesen Wörtern erfragen:

Warum? – Weshalb? – Weswegen? – Wieso? – Wozu?

Beispiel: Ich bin müde. Deshalb gehe ich ins Bett.
Warum gehe ich ins Bett? Deshalb.

1. Welches Kausaladverb passt zum Satz? Kreuze an.

Nico ist krank. …
bleibt er heute und morgen daheim. ❑ Deshalb ❑ Notfalls ❑ Trotzdem

Es regnet. … spielen wir draußen. ❑ Somit ❑ Folglich ❑ Trotzdem

… helfe ich dir bei den Hausaufgaben,
solltest du es allein nicht schaffen. ❑ Hierfür ❑ Nämlich ❑ Notfalls

Ich habe meine Mutter angelogen. …
habe ich jetzt Hausarrest. ❑ Hierzu ❑ Darum ❑ Trotzdem

Mein Akku war leer. …
konnte ich dich nicht anrufen. ❑ Nämlich ❑ Sonst ❑ Deswegen

2. Bestimme die Adverbien. Kreuze an.

	Lokaladverb	Temporaladverb	Kausaladverb
nie			
ansonsten			
hinunter			
nachher			
also			
immerzu			
darum			
meinetwegen			
bald			
überall			

© Verlag an der Ruhr | Autorinnen: Kistner/Thanuskody | ISBN 978-3-8346-3705-5 | www.verlagruhr.de

Adverbien der Art und Weise – Modaladverbien

Modaladverbien machen genauere **Angaben** zur **Art und Weise**. Du kannst sie mit „**Wie?**“ oder „**Wie sehr?**“ erfragen. Sie sind **unveränderlich**.

Beispiele: Es soll genauso aussehen. — **Wie** soll es aussehen?
Nadia hat sich kaum angestrengt. — **Wie sehr** hat sich Nadia angestrengt?

1. Stelle die Frage nach dem Modaladverb und unterstreiche es im Satz.

Du verhältst dich in letzter Zeit anders.
Wir hoffen sehr, dass du kommst.
Vergebens wartet Emil auf seinen Freund.
Selim konnte die Nacht kaum schlafen.
Sie stürzte sich blindlings ins Abenteuer.
Ich habe fast deinen Geburtstag vergessen.
Sarah fällt kopfüber die Treppe herunter.
Daran habe ich nicht gedacht!
Ich habe den Film nur teilweise gesehen.
Kim tanzt gern Ballett.

2. Bestimme die Adverbien. Trage sie in die Tabelle ein.

immer – innen – trotzdem – vielleicht – somit – fast – rechts – einst – genauso
heute – unterhalb – kaum – daher – sehr – nie – irgendwo

Lokaladverb	Temporaladverb	Kausaladverb	Modaladverb

© Verlag an der Ruhr | Autorinnen: Kistner/Thanuskody | ISBN 978-3-8346-3705-5 | www.verlagruhr.de

Bestimmte und unbestimmte Numeralien

Numeralien sind **Zahlwörter**. Sie geben die Anzahl, die Menge oder auch den Rang von Dingen und Personen an. Es gibt bestimmte und unbestimmte Numeralien.

Bestimmte Numeralien machen **genaue** Angaben.
Du kannst sie in Ziffern schreiben, zum Beispiel: fünf, der Erste, einmal, viertel.

Unbestimmte Numeralien machen **ungenaue** Angaben.
Du kannst sie nicht in Ziffern schreiben, zum Beispiel: wenige, mehrere, viele, einige.

Unterstreiche die Numeralien und trage sie in die Tabelle ein.
Tipp: Die Zahl hinter dem Satz sagt dir, wie viele du finden musst.

Vor zwei Tagen habe ich eineinhalb Tafeln Schokolade gegessen. (2)
Etliche Menschen nahmen an dem Gewinnspiel teil. (1)
Der Koch kennt mehrere Rezepte mit wenig Aufwand. (2)
Beim Wettrennen erreichte Jonas als Erster das Ziel. (1)
Die meisten Schüler stehen nicht gern früh auf. (1)
Ella geht dreimal pro Woche zum Training. (1)
Im Juli werde ich elf Jahre alt. (1)
Einige Fragen habe ich nicht verstanden. (1)

Bestimmte Numeralien	Unbestimmte Numeralien

Illustrationen: © Anja Boretzki

Die Interjektion

Interjektionen sind Ausrufewörter. Sie drücken Empfindungen, Geräusche oder Zwischenrufe aus. Interjektionen werden mit Kommas, Ausrufezeichen oder Bindestrichen vom Satz getrennt. Sie sind unveränderlich.

Beispiele: Hurra, ich habe gewonnen!
Sie stürzte – hoppla! Das tat weh.

1. Entscheide, ob das Wort eine Interjektion ist oder nicht. Kreise ein. Verbinde dann die Buchstaben in der Reihenfolge deiner Auswahl.

	ja	nein
Ätsch!	C	B
Komm!	E	A
Nanu!	D	C
Hoppla!	G	D
Hol her!	A	E
Igitt!	B	F
Hurra!	H	G
Hör zu!	H	F
Erzähl!	A	C
Pfui!	L	I
Sei still!	J	O
Jippi!	Q	K
Steh auf!	L	R
Schau!	N	M
Lies!	O	K
Oje!	I	M
Oh!	T	P
Aua!	N	Q
Hau ab!	S	J
Ach!	S	R
Huch!	P	K
Autsch!	L	R

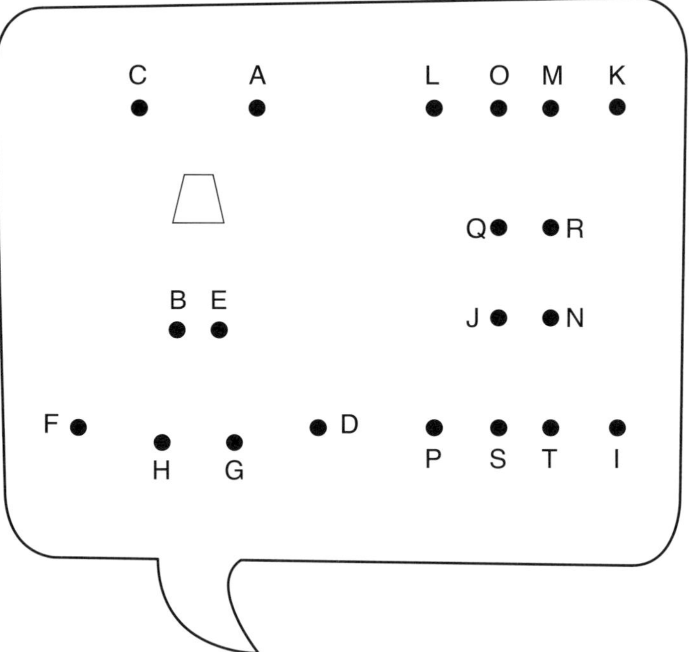

2. Finde zu jedem Bild eine passende Interjektion.

....

© Verlag an der Ruhr | Autorinnen: Kistner/Thanuskody | ISBN 978-3-8346-3705-5 | www.verlagruhr.de

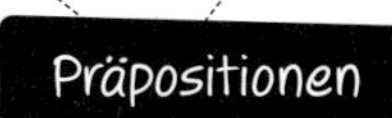

Lokale und temporale Präpositionen

Präpositionen sind **Verhältniswörter**. Sie stellen eine **Beziehung** zwischen Wörtern her und stehen meistens vor einem Nomen oder Pronomen. Sie sind **unveränderlich**.
Die meisten Präpositionen sagen etwas über den **Ort** (lokale Präposition) oder die **Zeit** (temporale Präposition) aus:

auf – neben – in – im – zwischen – über – unter – gegenüber – abseits – bei – an – vor – hinter

bis – seit – während – nach – von … bis – zwischen – gegen – binnen

Beispiele: Der Hund sitzt **unter** dem Tisch. Marie hat **bis** 12 Uhr Schule.

1. Unterstreiche lokale Präpositionen grün und temporale Präpositionen gelb.

Papa hat verboten, in der Wohnung Ball zu spielen.
Während der Sommerferien bin ich im Zeltlager.
Wir dürfen bis 20 Uhr draußen spielen.
Uli steht zwischen Dario und Theo.

2. Schreibe zu dem Bild sechs Sätze. Verwende lokale Präpositionen.

1. Die Maus versteckt sich ……………………
2. ……………………
3. ……………………
4. ……………………
5. ……………………
6. ……………………

© Verlag an der Ruhr | Autorinnen: Kistner/Thanuskody | ISBN 978-3-8346-3705-5 | www.verlagruhr.de

Modale und kausale Präpositionen

Zur Gruppe der Präpositionen gehören auch die modalen und kausalen Präpositionen. Sie sind **unveränderlich. Modale Präpositionen** beziehen sich auf die **Art und Weise. Kausale Präpositionen** kennzeichnen den **Grund**, den **Anlass**, den **Zweck** und die **Einräumung**.

Modale Präpositionen:
aus – außer – bis auf – für – in – mit – ohne – unter – von – wider – zu

Kausale Präpositionen:
anlässlich – angesichts – aufgrund – dank – durch – infolge – laut – trotz – wegen – zwecks

Beispiele:
Ohne dich ist es nur halb so schön.

Laut Wetterbericht soll es morgen regnen.

1. Setze die passende Präposition ein:
mit – trotz – dank – außer – wegen

.... der Verletzung darf ich nicht beim Sport mitmachen.

.... Jan haben alle Schüler ihre Hausaufgaben gemacht.

.... dem schlechten Wetter spielen wir heute draußen.

Frau Schubert will .... ihren Kindern verreisen.

.... dir haben wir gewonnen.

2. Bilde mit den Wörtern sinnvolle Sätze.
Achtung: Du musst teilweise den Artikel und das Nomen verändern.

infolge – das Hochwasser:

Infolge des Hochwassers wurden viele Häuser zerstört.

anlässlich – der Geburtstag:

....

ohne – meine Freundin:

....

© Verlag an der Ruhr | Autorinnen: Kistner/Thanuskody | ISBN 978-3-8346-3705-5 | www.verlagruhr.de

Die Konjunktion

Konjunktionen sind **Bindewörter**. Man nennt sie so, weil sie Wörter, Wortgruppen und Sätze miteinander verbinden. Oft leiten sie einen **Nebensatz** ein.
Sie sind **unveränderlich**. Zu den wichtigsten Konjunktionen gehören:

und – oder – weil – wenn – bevor – nachdem – als – obwohl – ob

Beispiel: Luna war gestern nicht in der Schule. Sie war krank.
Luna war gestern nicht in der Schule, **weil** sie krank war.

1. Setze die passende Konjunktion ein.

ob – wenn – oder – nachdem – weil – und – obwohl – als

Magst du Käse .... Wurst auf dein Brot?

Die Mutter will wissen, ... Milo seine Hausaufgaben gemacht hat.

Wir gehen in den Zirkus, ... du heute kommst.

.... Defne mich ärgert, mag ich sie.

Auf der Speisekarte stehen Pizzen .... Nudelgerichte.

Pia freut sich, ... sie heute Geburtstag hat.

Sanne geht in den Flötenunterricht, ... sie gegessen hat.

Ich war unterwegs, ... es plötzlich anfing zu regnen.

2. Verbinde die Sätze mit einer passenden Konjunktion.

Im Test habe ich eine Zwei. Ich habe nicht geübt.

....

Adam war im Bad. Das Telefon klingelte.

....

Laura ist traurig. Ihr Hamster ist gestorben.

....

© Verlag an der Ruhr | Autorinnen: Kistner/Thanuskody | ISBN 978-3-8346-3705-5 | www.verlagruhr.de

Nomen, Verb und Adjektiv

Im Suchsel verstecken sich jeweils fünf Nomen, Verben und Adjektive. Finde sie und trage sie in die Tabelle ein.

L	F	Y	C	L	E	M	B	T	D	B	R	E	N	N	E	N	W
Y	L	D	T	O	M	A	T	E	T	Y	P	G	S	D	Z	I	J
O	A	G	R	E	B	R	G	H	E	U	H	K	K	I	S	T	E
V	U	K	A	C	H	T	U	N	G	Y	Y	S	C	R	Y	D	T
S	T	U	E	W	H	F	Y	M	G	L	Z	L	H	A	W	J	P
J	A	U	Q	R	X	S	O	L	L	E	N	E	C	B	U	R	E
D	A	O	W	E	T	D	F	W	K	D	K	X	S	H	F	H	C
N	V	F	F	G	N	D	Z	E	I	G	E	N	W	O	F	P	H
E	W	F	K	B	V	G	U	G	X	X	Q	U	N	L	T	B	W
B	A	E	G	E	N	S	C	H	I	L	D	I	Y	E	Y	E	K
L	M	N	M	R	J	C	K	J	V	M	W	I	A	N	N	P	L
I	A	F	H	I	E	L	S	F	Q	V	D	K	R	B	E	C	E
G	Q	H	X	S	X	H	I	L	F	R	E	I	C	H	M	G	I
N	T	E	C	C	D	B	R	U	N	N	G	C	Q	T	B	Q	N
B	P	F	J	H	M	R	Z	L	E	G	E	N	X	E	L	X	V

Nomen	Verb	Adjektiv

Nomen, Verb, Adjektiv und Artikel (1/2)

 **Unterstreiche Nomen schwarz, Verben rot, Adjektive blau und Artikel braun.**

Mein schöner, bunter Blumenstrauß steht mitten auf dem Tisch.

Meine besten Freunde besuchen mich in dem Krankenhaus.

Neben unserem Haus wächst eine alte Buche.

Aus der Bäckerei strömt ein köstlicher Duft.

Karin hat noch nichts gegessen.

Der volle Mülleimer brennt.

Die neue Kette glitzert in der Sonne.

Das Nudelwasser auf dem Herd kocht endlich.

Eines fernen Tages wirst du eine erfolgreiche Autorin sein.

Laute Stimmen kommen aus einem Kinderzimmer.

Mit meinem roten Wasserball tolle ich im kühlen Meer.

Michi und sein kleiner Bruder sind unterwegs in einer geheimen Mission.

Das Geburtstagsgeschenk von Tante Gisela ist eine wundervolle Überraschung.

Über der alten Burg entsteht plötzlich ein fantastischer Regenbogen.

Oma Marlies bügelt die weißen Blusen meiner Schwester.

Der große Ventilator bläst mir die Luft mitten in mein heißes Gesicht.

Zwischen den Buchseiten findet Doris einen nagelneuen 20-Euro-Schein.

© Verlag an der Ruhr | AutorInnen: Kistner/Thanuskody | ISBN 978-3-8346-3705-5 | www.verlagruhr.de

Nomen, Verb, Adjektiv und Artikel (2/2)

 **1. Bilde mit den vorgegebenen Wörtern Sätze mit mindestens acht Wörtern. Adjektive und Verben darfst du in der Form verändern.**

Reise – eine – lang – planen

Vorhänge – kaufen – die – günstig

Schatz – entdecken – einen – glitzernd

Wasserfall – toben – einem – laut

essen – Salat – den – knackig

Knall – explodieren – der – lautstark

 **2. Unterstreiche in deinen Sätzen die Nomen schwarz, Verben rot, Adjektive blau und Artikel braun.**

© Verlag an der Ruhr | Autorinnen: Kistner/Thanuskody | ISBN 978-3-8346-3705-5 | www.verlagruhr.de

Pronomen und Artikel

Welche Wortart ist unterstrichen? Kreuze an.
Die angekreuzten Buchstaben ergeben der Reihenfolge nach ein Lösungswort.

	Pronomen	Artikel
Paolo springt von dem Steg in den See.	D	G
Auf der Treppe liegt ein Heft.	I	E
Die Milch, die im Kühlschrank steht, ist leer.	B	S
Das Rauschen hat aufgehört.	E	U
Funny sucht genau diesen Ball.	R	W
Der Film, den wir gesehen haben, war sehr lustig.	T	A
Kannst du eine Packung Kekse mitbringen?	K	S
Den Fisch, den Opa gefangen hat, lassen wir frei.	F	T
Gefällt dir das Geschenk?	M	A
Derjenige, dem das gehört, holt es bitte.	G	R
Erzähl mir bitte die ganze Wahrheit!	C	S
Unter dem Sofa liegen meine Socken.	Ü	Ä
Gib es dem Besitzer zurück!	V	B
Das Kind, das seit Tagen krank ist, hat Scharlach.	E	O
Solche Fehler mache ich leider oft.	R	T
Ich habe denjenigen schon gefragt.	R	P
Welche der Hosen willst du kaufen?	E	A
Von den vielen Bonbons wird mir schlecht.	N	S
Wo sind deine Fahrradschlüssel?	C	H
Ich habe mir an dem heißen Tee die Zunge verbrannt.	L	H
Die Eule, welche in unserem Baum sitzt, ist aufmerksam.	U	A
Könnt ihr eure nassen Schuhe aus dem Weg räumen?	N	G
Die rote Wand ist dir gut gelungen.	T	G

Lösungswort: ....

© Verlag an der Ruhr | Autorinnen: Kistner/Thanuskody | ISBN 978-3-8346-3705-5 | www.verlagruhr.de

Konjunktion und Präposition

1. Welche Wortart ist unterstrichen? Trage „P“ für Präposition und „K“ für Konjunktion ein.

Infolge (............) der Überschwemmung mussten wir unser Haus renovieren und (............) den Garten neu anlegen.

Obwohl (............) ich den Winter liebe, macht mir das Skifahren keine Freude, auch nicht unter (............) Freunden.

Als (............) wir im Urlaub waren, bekamen meine Cousine und (............) ihr Mann ihr Baby.

Wenn (............) du kommst, warte ich im (............) Schwimmbad.

Seit (............) drei Tagen ist der Igel, der hinter (............) der Gartenhütte lebt, nicht mehr aufgetaucht.

2. Setze passende Präpositionen oder Konjunktionen ein. Kennzeichne Präpositionen grün und Konjunktionen gelb.

statt – zwischen – in – in – und – obwohl
sobald – vor – dass – angesichts – ~~hinter~~

Hinter unserem Haus ist eine Müllhalde.

Ich habe kein Vertrauen mehr .... dich, ... ich dich noch mag.

Bist du glücklich über deinen Sieg .... deinen Gewinn?

.... der Tatsache, ... es heute regnet, bleiben wir drinnen.

Der Postbote legt das Paket .... die Tür.

.... der Pommes nehme ich Bratkartoffeln.

Ist .... euch noch Platz?

.... den Herbstferien hat Ole Geburtstag.

Ich melde mich, ... ich zu Hause bin.

Wortarten-Mix (1/3)

1. Setze in die Lücken passende Wörter ein. Achte auf die angegebene Wortart in Klammern.

2. Lasse deinen Text von einem Partner kontrollieren.

Die Freunde Emily, Eugen, Felix und Ayla verbringen .... (Pronomen) Ferien im Zeltlager. Heute ist ein besonders .... (Adjektiv) Tag. Deshalb .... (Verb) die Betreuer, den Tag mit den Kindern am Fluss zu verbringen. Sofort stürzen sich .... (Numerale) in das kühle .... (Nomen). .... (Artikel) wilde Wasserschlacht beginnt. Den vier Freunden wird es bald zu langweilig .... (Konjunktion) sie laufen flussabwärts.

Da entdeckt Ayla eine Flasche .... (Präposition) dem Schilf. .... (Adverb) angelt sie nach ihr.

„Kommt schnell her, ich habe eine Flaschenpost gefunden!“, ... (Verb) sie aufgeregt. .... (Adverb) rollt sie den Zettel aus.

Gespannt setzen sich die Kinder .... (Präposition) den Boden und Eugen liest vor: „Hallo, ... (Pronomen) Name ist Carlo.

Wenn du diese Nachricht findest, schreib mir bitte zurück.

Carlo Valentin, Klosterweg 4, 12345 Birnendorf“.

.... (Adverb) machen sich die Vier auf den Rückweg zum Zeltlager, um Carlo zu schreiben.

© Verlag an der Ruhr | Autorinnen: Kistner/Thanuskody | ISBN 978-3-8346-3705-5 | www.verlagruhr.de

Wortarten-Mix (2/3)

1. Unterstreiche die Wortarten in den angegebenen Farben.

Nomen – schwarz
Verben – rot
Adjektive – blau
Präpositionen – grau

Konjunktionen – orange
Pronomen – gelb
Adverbien – lila

Numeralien – grün
Artikel – braun
Interjektionen – rosa

In der Kiste, die unter dem Tisch steht, schlafen drei niedliche Kätzchen.

Die schnellsten Läufer bekommen einen Preis für ihre Leistung.

Meine neugierige Schwester schaut über den Gartenzaun.

Der Busfahrer, welcher eine Brille trägt, hat sehr gelächelt.

Möglicherweise kommt morgen eure Oma.

Möchtest du diese Bananen oder jene Birnen essen?

Die Fernbedienung liegt auf dem kleinen Sofatisch.

Danach lauscht das Kind dem neuen Hörspiel.

Werdet ihr ein grünes Auto kaufen?

Das Gewitter ist über uns gewesen.

„Aua!“, schreit Tommi sofort.

Kannst du deine Schwester ein zweites Mal rufen?

Bei gutem Wetter spielen wir gerne auf dem Klettergerüst.

Setz dich neben mich und iss den Kuchen!

2. Findest du die zwei Modalverben und die drei Hilfsverben? Kreise sie ein.

© Verlag an der Ruhr | Autorinnen: Kistner/Thanuskody | ISBN 978-3-8346-3705-5 | www.verlagruhr.de

Wortarten-Mix (3/3)

1. Bilde Sätze nach den Vorgaben.

Artikel – Adjektiv – Nomen – Verb – Präposition – Nomen

Das kuschlige Häschen sitzt im Garten.

Artikel – Nomen – Verb – Artikel – Adjektiv – Nomen

Pronomen – Nomen – Verb – Artikel – Nomen

Adverb – Verb – Artikel – Nomen – Präposition – Artikel – Nomen – Pronomen – Nomen

Numerale – Nomen – Verb – Präposition – Artikel – Nomen

Artikel – Nomen – Verb – Artikel – Nomen – Konjunktion – Verb – Pronomen

2. Notiere wie in Aufgabe 1 Baupläne für Sätze und lasse einen Partner die Sätze bilden.

© Verlag an der Ruhr | Autorinnen: Kistner/Thanuskody | ISBN 978-3-8346-3705-5 | www.verlagruhr.de

Wortarten-Spiel – Spielplan

Spiele mit einem Partner. Ihr benötigt zwei Spielfiguren und einen Würfel.

Ziel

Start

So geht's:

1. Würfle.

2. Rücke die gewürfelte Zahl vor.

3. Der nächste Spieler ist dran.

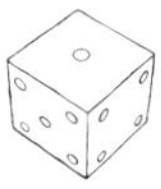

= Setze eine Runde aus.

? = Dein Spielpartner zieht eine Karte und liest dir eine Aufgabe vor. Bei richtiger Antwort rücke 1 Feld vor. Bei falscher Antwort setze eine Runde aus.

© Verlag an der Ruhr | Autorinnen: Kistner/Thanuskody | ISBN 978-3-8346-3705-5 | www.verlagruhr.de

Wortarten-Spiel – Aufgabenkarten (1/2)

Steigere das Adjektiv „gut“.

gut – besser – am besten

Was bedeutet „Singular“?

Einzahl

Zu welcher Wortart gehört das Wort „manche“?

Numerale

Konjugiere das Verb „sein“.

ich bin – du bist – er/sie/es ist
wir sind – ihr seid – sie sind

Nenne 4 Personalpronomen.

ich – du – er/sie/es –
wir – ihr – sie

Nenne die 3 Hilfsverben.

sein – haben – werden

Was sind „abstrakte Nomen“?

Nomen, die Dinge bezeichnen, die man nicht sehen und anfassen kann.

Nenne 4 Endungen für Nomen.

ung – heit – keit –
nis – sal – ion – ling –
schaft – tum

Wie heißt der lateinische Begriff für „Bindewort“?

Konjunktion

Was bedeutet „Komparativ“? Nenne ein Beispiel.

Steigerungsstufe
Beispiel: schneller

© Verlag an der Ruhr | Autorinnen: Kistner/Thanuskody | ISBN 978-3-8346-3705-5 | www.verlagruhr.de

Wortarten-Spiel – Aufgabenkarten (2/2)

Nenne die Wortart:
Ben sucht tagelang seinen Bleistift.
Possessivpronomen

Nenne die Wortart:
Der Ventilator brummt munter vor sich hin.
Modaladverb

Nenne die Wortart:
Die Zimmerpalme hat viele Läuse.
Numerale

Nenne die Wortart:
Diesen Quatsch mache ich nicht länger mit.
Demonstrativpronomen

Nenne die Wortart:
Obwohl ich keine Lust habe, helfe ich dir.
Konjunktion

Nenne die Wortart:
Ich helfe dem Hund.
Bestimmter Artikel

Nenne die Wortart:
Der Treppenabsatz knarzt.
Nomen

Nenne die Wortart:
Die Schuhe, die ich gerade anhabe, drücken.
Relativpronomen

Nenne die Wortart:
Kannst du mir ein Glas Wasser holen?
Modalverb

Nenne die Wortart:
Ich habe solchen Hunger.
Demonstrativpronomen

© Verlag an der Ruhr | Autorinnen: Kistner/Thanuskody | ISBN 978-3-8346-3705-5 | www.verlagruhr.de

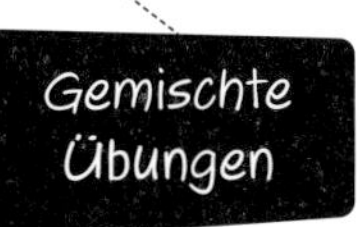

Wortarten-Spiel – Aufgabenkarten blanko

Rahmen: © Mike Degteariov – Fotolia.com

© Verlag an der Ruhr | Autorinnen: Kistner/Thanuskody | ISBN 978-3-8346-3705-5 | www.verlagruhr.de

Wortkarten – Nomen

Clown	Schachtel	Wahrheit
Polizist	Ameise	Sportler
Glück	Trinkflasche	Schlafsack
Eistee	Fahrrad	Schneeanzug
Kind	Familie	Schlange

Wortkarten – Artikel

der	die	das
dem	den	des
eine	einer	ein
einem	einen	eines

Rahmen: © Mike Degteariov – Fotolia.com

© Verlag an der Ruhr | Autorinnen: Kistner/Thanuskody | ISBN 978-3-8346-3705-5 | www.verlagruhr.de

Wortkarten – Verben

essen	suchen	werfen
helfen	verreisen	stolpern
hüpfen	toben	bemalen
lachen	beobachten	trällern
zerreißen	gluckern	tragen

© Verlag an der Ruhr | Autorinnen: Kistner/Thanuskody | ISBN 978-3-8346-3705-5 | www.verlagruhr.de

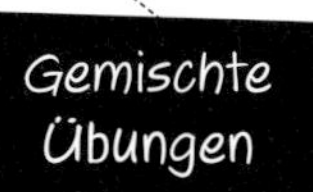

Wortkarten – Adjektive

interessiert	hinterhältig	faul
unglücklich	nass	gelb
leise	müde	warm
freundlich	schnell	liebevoll
wachsam	eisig	ehrlich

© Verlag an der Ruhr | Autorinnen: Kistner/Thanuskody | ISBN 978-3-8346-3705-5 | www.verlagruhr.de

Wortkarten – Pronomen

er	meine	unser
dies	ich	eurem
welcher	deine	wir
derjenige	dessen	sein
jener	welchem	ihre

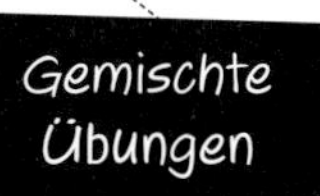

Wortkarten – Adverbien

abends	**drüben**	**dahin**
heute	**anders**	**besonders**
sehr	**nie**	**hinten**
irgendwo	**irgendwann**	**gestern**
überall	**nebenan**	**hier**

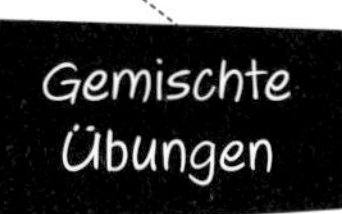

Wortkarten – Numeralien

viele	alle	dreifach
zehn	wenige	etliche
einige	fünf	zweifach
allerlei	viermal	acht
neun	erste	zig

Wortkarten – Interjektionen

Ätsch!	Nanu!	Hoppla!
Igitt!	Hurra!	Pfui!
Jippi!	Oje!	Oh!
Aua!	Ah!	Pst!
Autsch!	Ach!	Huch!

© Verlag an der Ruhr | Autorinnen: Kistner/Thanuskody | ISBN 978-3-8346-3705-5 | www.verlagruhr.de

Wortkarten – Präpositionen

für	neben	im
bei	wegen	anlässlich
wider	binnen	in
trotz	dank	zwecks

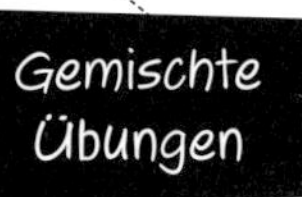

Wortkarten – Konjunktionen

und	obwohl	weil
entweder	nachdem	wenn
als	sobald	dass
sodass	bevor	oder
falls	sondern	sowie

© Verlag an der Ruhr | Autorinnen: Kistner/Thanuskody | ISBN 978-3-8346-3705-5 | www.verlagruhr.de

Wortkarten blanko

Rahmen: © Mike Degteariov – Fotolia.com

Merkblatt „Wortarten" (1/2)

Lateinischer Begriff	Deutscher Begriff	Beispiel
Nomen	**Namenwort (Hauptwort)**	Katze, Glück, Handschuh
Singular	Einzahl	Haus
Plural	Mehrzahl	Häuser
Artikel	**Begleiter**	
bestimmt		der, die, das
unbestimmt		ein, eine, ein
Verb	**Tuwort (Tunwort, Tätigkeitswort)**	
Vollverb		lesen
Hilfsverb		sein, haben, werden
Modalverb		müssen, sollen, können, mögen, dürfen, wollen
Infinitiv	Grundform	spiel**en**
Verben konjugieren	Tuwörter beugen	ich spiel**e** du spiel**st** er/sie/es spiel**t** wir spiel**en** ihr spiel**t** sie spiel**en**
Imperativ	Befehlsform	Hol! Geh! Lies! Hilf! Holt! Geht! Lest! Helft!
Adjektiv	**Eigenschaftswort (Wiewort)**	gelb, fleißig, froh
Positiv	Grundstufe	schnell
Komparativ	Steigerungsstufe	schneller
Superlativ	Höchststufe	am schnellsten

Illustration: © Anja Boretzki

Merkblatt „Wortarten" (2/2)

Lateinischer Begriff	Deutscher Begriff	Beispiel
Pronomen	**Fürwort**	
Personalpronomen	Persönliches Fürwort	ich, du, er, sie, es, wir, ihr, sie
Reflexivpronomen	Rückbezügliches Fürwort	mich, mir, dich, dir, sich, uns, euch, sich
Possessivpronomen	Besitzanzeigendes Fürwort	mein, dein, sein/ihr, unser, euer, ihr
Demonstrativpronomen	Hinweisendes Fürwort	derjenige, dieser, selber
Relativpronomen	Bezügliches Fürwort	der, die, das, welche, welcher, welches, deren, dessen
Adverb	**Umstandswort**	
Lokaladverb	Umstandswort des Ortes	oben, überall, nirgends
Temporaladverb	Umstandswort der Zeit	abends, irgendwann
Kausaladverb	Umstandswort des Grundes	also, deshalb, trotzdem
Modaladverb	Umstandswort der Art und Weise	anders, ganz, sehr
Numerale	**Zahlwort**	
bestimmt		fünf, drittens, erste
unbestimmt		viele, wenige, mehrere
Interjektion	**Ausrufewort**	Oh! Ach! Autsch! Ups!
Konjunktion	**Bindewort**	und, oder, da, weil, aber, obwohl
Präposition	**Verhältniswort**	
Lokale Präposition	Verhältniswort des Ortes	auf, in, unter, vor, hinter
Temporale Präposition	Verhältniswort der Zeit	seit, bis, binnen
Kausale Präposition	Verhältniswort des Grundes	wegen, infolge
Modale Präposition	Verhältniswort der Art und Weise	ohne, wider, mit

LÖSUNGEN

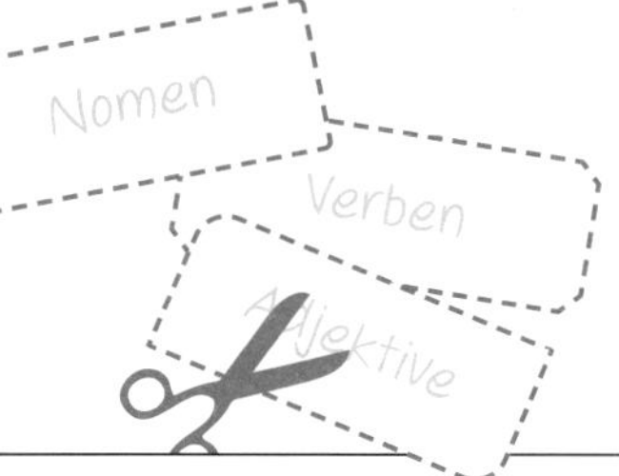

Lösungen

Nomen

Seite 7:

1. Kreise alle Nomen ein.

Deutschland, Schaukel, Seife, Mutter, Alpen, Katze, Stuhl, Berlin, Radiergummi, Kastanie, Auto, Hose, Kühlschrank, Kim, Bücher

2. Unterstreiche die Nomen. Schreibe dann die Sätze richtig ab.

In den Sommerferien waren wir in Italien. Dort haben wir Sonne, Strand und Meer genossen und viel Eis gegessen. Wir haben auch einige Städte besichtigt. Am schönsten war es in Venedig. Denn man konnte in Gondeln – das sind kleine Boote – die Stadt auf dem Wasser erkunden. Die beste Pizza gab es aber in Rom.

Seite 8:

1. Sortiere die Wörter in die Tabelle ein. Denke an den Artikel.

konkrete Nomen:
das Fahrrad, die Lampe, der Tiger, der Schlüssel, die Melone, das Ohr

abstrakte Nomen:
die Liebe, die Wut, der Tag, der Traum, die Angst, der Hunger

Seite 9:

1. Bilde Nomen mit den vorgegebenen Endungen.

Entschuldig**ung**, Krank**heit**, Sicher**heit**, Dankbar**keit**, Pünktlich**keit**, Ergeb**nis**, Wild**nis**, Trüb**sal**, Rinn**sal**, Konzentrat**ion**, Funkt**ion**, Jüng**ling**, Winz**ling**, Verwandt**schaft**, Mann**schaft**, Reich**tum**, Wachs**tum**

Seite 10:

1. Bilde zusammengesetzte Nomen aus zwei Wörtern. Schreibe sie mit Artikel auf. Denke an die Verbindungslaute.

das Wolf**s**rudel, die Maus**e**falle, das Bild**er**buch, das Trinkwasser, der Großvater, das Wohnzimmer, der Kleid**er**schrank, der Liebe**s**brief, die Gießkanne, der Herz**ens**wunsch

2. Aus den Wörtern von Aufgabe 1 lässt sich auch ein zusammengesetztes Nomen aus drei Wörtern bilden. Wie heißt es?

gesuchtes Wort: **Wohnzimmerschrank**

Seite 11:

1. Im Suchsel verstecken sich zwölf Nomen. Finde sie und trage sie mit Artikel in die Tabelle ein.

I	C	N	P	C	J	N	Y	F	F	T	H	C	C	H	U	F	P
C	H	K	S	N	A	C	H	T	M	X	E	F	N	I	U	W	Y
W	S	Ä	Q	M	J	U	T	C	L	J	F	T	B	T	L	Q	Y
S	T	L	G	H	B	A	D	E	T	U	C	H	S	Z	D	K	J
P	L	T	G	N	B	Y	K	D	B	J	X	V	D	E	B	H	I
A	E	E	U	S	F	E	K	Y	T	H	T	Z	E	T	X	A	J
N	E	S	R	P	N	T	F	G	L	Ü	C	K	X	L	W	U	R
I	M	Q	F	C	A	W	L	L	L	W	T	C	P	B	G	S	Y
E	L	D	K	H	O	L	Z	W	U	R	M	M	G	A	G	T	E
N	X	U	U	Y	X	X	U	S	R	O	G	I	Y	Y	N	Ü	G
R	W	E	K	Ü	H	L	T	R	U	H	E	S	R	E	V	R	F
N	K	R	S	C	S	N	L	I	S	G	N	N	X	R	C	H	I
L	B	N	C	P	Q	L	Z	K	J	T	U	R	F	N	F	S	L
X	H	A	W	K	A	R	L	A	Q	S	X	I	P	L	P	K	I
F	N	T	D	H	I	P	K	J	V	Y	T	P	A	R	I	S	E
V	U	V	N	U	S	E	U	M	I	C	K	V	R	S	I	J	T

Lösungen

abstrakte Nomen: die Nacht, das Glück, die Kälte, die Hitze

zusammengesetzte Nomen: das Badetuch, der Holzwurm, die Kühltruhe, die Haustür

Eigennamen: Karla, Paris, Spanien, Bayern

Artikel

Seite 12:

1. Unterstreiche die Artikel und kreuze an. Die angekreuzten Buchstaben ergeben der Reihenfolge nach ein Lösungswort.

Laut brüllt der Löwe.
Ein Hahn tanzt im Schottenrock.
Auf dem Eis steppen die Pinguine.
Vroni mag den grünen Pulli am liebsten.
Das Ladegerät ist verschwunden.
Hinter einem Baum lauern Wölfe.
Eines Tages werde ich reich sein.
Flog der Computer aus dem Fenster?
Belustigt beobachtet Karim einen Affen.
Dem Papagei geht es nicht gut.
Wichtig ist mir die Freundschaft.
Hilfst du mir, ich suche einen Schnellhefter?
Hol mir den Eistee!

Lösungswort: **Kinogutschein**

Verben

Seite 13:

1. Finde in den Wörterschlangen alle Verben und kreise sie ein.

Seite 14:

Konjugiere die Verben. Kreise die Endungen ein.

lernen: ich lerne – du lernst – er/sie/es lernt – wir lernen – ihr lernt – sie lernen

holen: ich hole – du holst – er/sie/es holt – wir holen – ihr holt – sie holen

lachen: ich lache – du lachst – er/sie/es lacht – wir lachen – ihr lacht – sie lachen

weinen: ich weine – du weinst – er/sie/es weint – wir weinen – ihr weint – sie weinen

Seite 15:

1. Trage die Verben in der richtigen Personalform in die Tabelle ein.

2. Kreise die Buchstaben ein, die sich verändern.

essen: ich esse – du isst – er/sie/es isst – wir essen – ihr esst – sie essen

sehen: ich sehe – du siehst – er/sie/es sieht – wir sehen – ihr seht – sie sehen

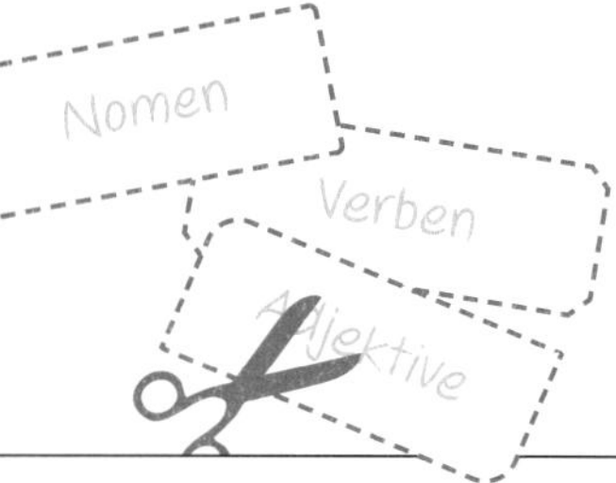

Lösungen

fahren: ich fahre – du fährst – er/sie/es fährt – wir fahren – ihr fahrt – sie fahren

halten: ich halte – du hältst – er/sie/es hält – wir halten – ihr haltet – sie halten

Seite 16:

1. Schreibe die Verben in der richtigen Personalform.

1. Person Plural von **holen**: wir holen,
2. Person Plural von **lesen**: ihr lest,
1. Person Singular von **sprühen**: ich sprühe,
3. Person Singular von **laufen**: sie läuft,
1. Person Plural von **finden**: wir finden,
2. Person Singular von **halten**: du hältst,
3. Person Plural von **rennen**: sie rennen,
2. Person Singular von **jammern**: du jammerst,
1. Person Plural von **backen**: wir backen,
3. Person Singular von **basteln**: sie bastelt,
1. Person Singular von **putzen**: ich putze,
2. Person Plural von **gießen**: ihr gießt,
3. Person Singular von **fahren**: er fährt,
2. Person Singular von **lassen**: du lässt,
2. Person Singular von **schlürfen**: du schlürfst,
1. Person Singular von **gehen**: ich gehe,
2. Person Singular von **nehmen**: du nimmst,
1. Person Plural von **beenden**: wir beenden

Seite 17:

1. Trage die Verben in der richtigen Personalform in die Tabelle ein.

sein: ich bin – du bist – er/sie/es ist – wir sind – ihr seid – sie sind

haben: ich habe – du hast – er/sie/es hat – wir haben – ihr habt – sie haben

werden: ich werde – du wirst – er/sie/es wird – wir werden – ihr werdet – sie werden

2. Setze die Verben in der passenden Personalform ein.

3. Unterstreiche alle Verben. Markiere Vollverben grün und Hilfsverben gelb.

Meine Eltern haben ein neues Auto.
Es wird morgen regnen.
Du bist ganz schön fleißig.
Das Wetter wird/ist wieder besser.
Du wirst das noch bereuen.

Seite 18:

1. Unterstreiche Vollverben grün und Modalverben gelb.

Ursula kann gut rechnen.
Die Hunde dürfen nicht laut bellen.
Willst du mit mir spielen?
Möchtest du mitkommen?
Ihr sollt jetzt ins Bett gehen!
Morgens muss ich um 6:30 Uhr aufstehen.

2. Schreibe die Sätze um. Verwende die angegebenen Modalverben.

Die Jungen dürfen draußen spielen.
Du sollst den Tisch decken!
Der Mechaniker muss die Bremsen prüfen.
Ihr könnt die Blumen gießen.
Ole und Alex wollen ins Kino gehen.
Die Schüler müssen ihre Hausaufgaben machen.
Ich möchte etwas sagen.

Seite 19:

1. Formuliere zu den Antworten die Aufforderungen im Imperativ.

Spiel das Lied! – Ich werde das Lied spielen.
Hört zu! – Wir werden zuhören.

Lösungen

Passt auf! – Wir werden aufpassen.
Hilf mir! – Ich werde dir helfen.
Warte! – Ich werde warten.
Geh heim! – Ich werde heimgehen.
Lauft schneller! – Wir werden schneller laufen.
Gib den Stift her! – Ich werde den Stift hergeben.
Gießt die Blumen! – Wir werden die Blumen gießen.
Steigt ein! – Wir werden einsteigen.
Fahrt los! – Wir werden losfahren.

2. Formuliere zu jedem Bild eine Aufforderung.

Komm mit! – Öffne das Fenster! – Seid leise!

Seite 20:

Überlege, ob du das Verb groß- oder kleinschreiben musst.

Hört auf zu **lachen**. Euer **Lachen** geht mir auf die Nerven.

Ich **spiele** gern mit Mattis. Das **Spielen** mit ihm macht mir Spaß.

Die Kinder **rechnen** viele Aufgaben im Kopf. Das **Rechnen** fällt ihnen leicht.

Du **schwimmst** jeden Tag. Im **Schwimmen** bist du richtig gut.

Mit den Autos zu **rasen** ist gefährlich. Deshalb ist das **Rasen** verboten.

Kängurus **hüpfen**. Beim **Hüpfen** schlagen sie Haken.

Sein **Kreischen** tut mir in den Ohren weh. Der Papagei **kreischt** so laut.

Das **Schnattern** der Enten ist lustig. Sie **schnattern** den ganzen Tag.

Seite 21:

Unterstreiche alle Verben. Trage sie richtig sortiert in die Tabelle ein.

An einem Regentag kommen zwei Freunde zu Besuch. Winnie und Ben klingeln schon an der Tür. „Ihr wartet in meinem Zimmer und ich hole die Autorennbahn!“, rufe ich und bin schon halb auf dem Weg in den Keller. „Rennst du bitte nicht so schnell?“, schimpft Mama. Gemeinsam errichten wir dann die magnetische Bahn. „Gibst du mir die Brücke?“, fragt Winnie. „Klar. Hast du die Autos?“, meint Ben. Und schon rasen die Autos im Kreis. Nach einer Weile ruft Mama aus der Küche: „Seid ihr hungrig? Ich habe hier noch Kekse. Holst du sie, Nico? Und denkst du auch an einen Teller?“ Wir essen die Kekse und spielen nebenher. Ben seufzt: „Was für ein schöner Regentag! Findest du nicht auch, Nico?“ Ich nicke und antworte mit vollem Mund: „Auf jeden Fall!“ Plötzlich steckt mein Vater seinen Kopf durch die Zimmertür: „Ihr spielt ja sehr friedlich. Aber ihr kennt euch ja auch schon sehr lange.“ Meine Freunde grinsen und wir alle nicken.

1. Person Singular: ich hole, ich rufe, ich bin, ich habe, ich nicke, ich antworte

2. Person Singular: du rennst, du gibst, du hast, du holst, du denkst, du findest

3. Person Singular: sie schimpft, er fragt, er meint, sie ruft, er seufzt, er steckt

1. Person Plural: wir errichten, wir essen, wir spielen, wir nicken

2. Person Plural: ihr wartet, ihr seid, ihr spielt, ihr kennt

3. Person Plural: sie kommen, sie klingeln, sie rasen, sie grinsen

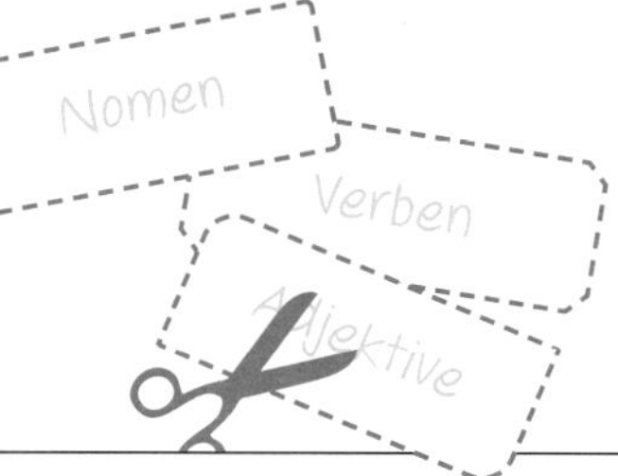

Lösungen

Adjektive

Seite 22:

Kreise die Adjektive ein. In jeder Zeile bleibt ein Wort übrig. Die Wörter ergeben einen Lösungssatz.

Lösungssatz: Morgens essen wir zum Frühstück immer ein Müsli mit Obst und Honig.

Seite 23:

Erfrage die Adjektive wie im Beispiel und unterstreiche sie.

Das kleine Haus steht auf dem Hügel.
Wie ist das Haus? – klein

Unter dem Bett liegen die grünen Socken.
Wie sind die Socken? – grün

Ein wilder Sturm tobt in der Nacht.
Wie ist der Sturm? – wild

Die Blumenerde ist noch nass.
Wie ist die Blumenerde? – nass

Im Sommer esse ich köstliches Erdbeereis.
Wie ist das Erdbeereis? – köstlich

Heute Abend besuchen wir eine spannende Theateraufführung.
Wie ist die Theateraufführung? – spannend

Im Kino kauft Elian eine große Tüte Popcorn.
Wie ist die Tüte? – groß

Das Faultier ist langsam.
Wie ist das Faultier? – langsam

Um das glühende Feuer herum sitzen Kinder.
Wie ist das Feuer? – glühend

Für meinen Tee brauche ich heißes Wasser.
Wie ist das Wasser? – heiß

Seite 24:

1. Fülle die Tabelle aus. Streiche das Adjektiv, das sich nicht steigern lässt.

dick – **dicker – am dicksten, schön** – schöner – **am schönsten,** ~~tot,~~ **billig** – **billiger** – am billigsten

2. Trage die passenden Formen ein und merke sie dir gut.

gut – **besser – am besten**
hoch – **höher – am höchsten**
nah – **näher – am nächsten**

Seite 25:

Schreibe zu den Bildern Vergleichssätze mit den vorgegebenen Adjektiven.

Die Maus ist **schwerer als** die Ameise.
Die Maus ist **leichter als** die Katze.
Die Katze ist **genauso schwer wie** der Hund.

Der Junge ist **älter als** das Baby.
Der Junge ist **jünger als** die Frau.
Die Frau ist **genauso alt wie** der Mann.

Rafis Haare sind **länger als** Jans Haare.
Rafis Haare sind **kürzer als** Ellas Haare.
Ellas Haare sind **genauso lang wie** Annes Haare.

Seite 26:

1. Wie heißen die Adjektive? Verbinde und schreibe sie unten auf die Linien.

Adjektive: gedankenlos, waschbar, malerisch, strebsam, lachhaft, fröhlich, ölig, sprunghaft, bedeutungslos, scheinbar, geizig, wachsam, ängstlich, telefonisch

Lösungen

3. Bilde Adjektive durch Anhängen der Endungen.

ehr**lich**, ehr**los**, ehr**bar**
acht**los**, acht**sam,** acht**bar**
wunder**lich**, wunder**bar**, wunder**sam**

Seite 27:

2. Schreibe alle zusammengesetzten Adjektive in dein Heft.

messerscharf – faustdick – triefendnass – lammfromm – bildschön – feuerrot – bleischwer – himmelblau – butterweich – federleicht – spiegelglatt – spindeldürr – steinreich – knallbunt – pfeilschnell – stocksteif – pechschwarz – knöcheltief – strohdumm

Seite 28:

1. Setze in die Lücken das passende nominalisierte Adjektiv ein.

Der **Geizige** gibt nichts ab.

Du musst dich leider auf etwas **Schlimmes** gefasst machen.

Der **Fröhliche** ist gut gelaunt.

Eine Fahrt ins **Blaue** macht allen Freude.

Im Urlaub hat Toni etwas **Aufregendes** erlebt.

Allerlei **Nützliches** hat mir Opa über Autos beigebracht.

Einige **Schnelle** rennen 100 Meter in 6 Sekunden.

Die **Traurige** weint viel.

Beginnen wir aufs **Neue**.

Gestern hat Olga im Park viel **Schönes** gesehen.

Das **Rot** des Sonnenaufgangs ist wunderschön.

Seite 29:

1. Unterstreiche alle Adjektive. Trage sie in die Tabelle ein.

An einem frühlingshaften, herrlichen Tag ging Jule in den sonnigen Garten. Dort war sie am liebsten. Die Blumen erstrahlten in den buntesten Farben. Die Tulpen blühten am schönsten. Das Mädchen setzte sich ins samtweiche Gras und blickte in den hellblauen Himmel. Eine blitzschnelle Libelle flog über Jules Kopf hinweg und an ihrem Ohr summte eine etwas dickere Hummel.
Auf einem älteren Baum erblickte das Mädchen eine pechschwarze Amsel, die eine wunderbare Melodie zwitscherte. Plötzlich sprang ein winziger Grashüpfer auf seine Hand. Er war federleicht und Jule betrachtete das harmlose Tier mit neugierigem Blick.
Die spindeldürren Beinchen des Insektes kitzelten auf Jules Haut. Das Kribbeln wurde immer stärker und das Tier hüpfte ins knöchelhohe Gras zurück. „Morgens kann man die Tiere am besten beobachten“, dachte sich Jule und ging zurück ins Haus.

Adjektive mit besonderen Endungen:
frühlingshaft, herrlich, sonnig, wunderbar, winzig, harmlos, neugierig

zusammengesetzte Adjektive: samtweich, hellblau, blitzschnell, pechschwarz, federleicht, spindeldürr, knöchelhoch

Lösungen

gesteigerte Adjektive: am liebsten, am buntesten, am schönsten, dicker, älter, stärker, am besten

2. Aus welchen Wörtern bestehen die zusammengesetzten Adjektive?

samtweich = (der) Samt + weich,
hellblau = hell + blau,
blitzschnell = (der) Blitz + schnell,
pechschwarz = (das) Pech + schwarz,
federleicht = (die) Feder + leicht,
spindeldürr = (die) Spindel + dürr,
knöchelhoch = (der) Knöchel + hoch

3. Schreibe die gesteigerten Adjektive mit allen drei Steigerungsstufen in dein Heft.

lieb – lieber – am liebsten,
bunt – bunter – am buntesten,
schön – schöner – am schönsten,
dick – dicker – am dicksten,
alt – älter – am ältesten,
stark – stärker – am stärksten,
gut – besser – am besten

Pronomen

Seite 30:

1. Unterstreiche alle Personalpronomen im Text.

Die Freunde Chris, Tina und Sofia sind um drei Uhr verabredet. Die Mädchen kommen wieder zu spät. Sie sind nie pünktlich. „Endlich seid ihr da! Ich warte schon seit zehn Minuten!“, ruft Chris. „Cam hat morgen Geburtstag. Wir brauchen ein Geschenk.“ Sofia hat eine Idee: „Er geht doch gern ins Kino. Was haltet ihr von einer Eintrittskarte?“ Tina ist ganz begeistert: „Au ja! Dann gehen wir alle zusammen hin!“ Chris fragt die Mädchen: „Besorgt ihr die Karten?“ Sie nicken und sausen sofort los.

2. Ersetze die Wörter durch passende Personalpronomen.

Auf dem Baum singen **sie**.
Wir fahren gern Inline-Skates.
Im Winter hält **er** Winterschlaf.
Das Mädchen gibt **ihm** ein Geschenk.
Im Supermarkt zählt **sie** das Kleingeld.

Seite 31:

1. Unterstreiche das Reflexivpronomen gelb und die Person, auf die es sich bezieht, grün.

Ich kaufe mir eine Tafel Schokolade.

Die Schüler freuen sich auf die Sommerferien.

Klara und ihr Hund sehen sich einen Film im Fernsehen an.

Du holst dir ohne Mütze bestimmt eine Erkältung.

Er sieht sich im Spiegel an.

2. Setze die fehlenden Reflexivpronomen ein.

Sonja wundert **sich**, dass ihre Turnschuhe zu klein sind.

Anna und Iwan treffen **sich** zum Spielen.

Ich habe **mir** seinen Namen nicht gemerkt.

Hast du **dir** den Film schon angesehen?

Lösungen

Sorgst du **dich** wegen dem Unwetter?

Bahar fürchtet **sich** vor großen Hunden.

Setz **dich** bitte auf deinen Stuhl!

Wir freuen **uns** über den Gewinn.

Ihr müsst **euch** beeilen.

Hast du **dich** erkältet?

Ihr solltet **euch** schämen!

Katja kämmt **sich** die kurzen Haare.

Seite 32:

1. Unterstreiche die Possessivpronomen.

Kann dein Bruder seinen Fußball an meine Schwester ausleihen?

Unter dem Eis in unserem Teich schwimmen kleine Fische im Kreis.

In ihrem Keller stehen ihr Roller und sein Fahrrad zwischen seinen Bücherkisten.

Seine Eltern wundern sich, wo er so viel über ihre Lieblingsstadt Rom gelernt hat.

Unserem Kater gefällt sein Kratzbaum, der sich in meinem Zimmer befindet.

Vor unserer Garage schläft euer Hund im Schatten und liegt uns so im Weg.

2. Setze das passende Possessivpronomen ein.

Kannst du mir **dein** (du) Lineal leihen?

Das Fahrrad gehört **seinem** (er) Bruder.

Sie sucht **ihren** (sie) linken Schuh.

Das ist **unser** (wir) Lieblingsrezept.

Ich treffe **meinen** (ich) Onkel Torben.

Heute besucht uns **unsere** (wir) Oma.

Unser (wir) Ausflug in den Zoo war toll.

Zu **ihrem** (sie) Fest bringe ich einen Salat mit.

Ihre (sie) Aussprache ist viel besser geworden.

Ich gehe jeden Tag mit **meinem** (ich) Hund spazieren.

Wir sind zu spät, denn **sein** (er) Auto hatte eine Panne.

Seite 33:

1. Setze das passende Demonstrativpronomen ein.

Dieser Tannenbaum ist der schönste von allen.

Demjenigen, der meine Tasche findet, gebe ich eine Belohnung.

Ich erinnere mich noch gut an **jenen** Tag im Februar.

Derselbe Fehler ist mir gestern schon passiert.

Die Meiers? Bei **denen** war ich neulich eingeladen.

Solche Feste gibt es selten.

2. Kreuze die Demonstrativpronomen an. Die Buchstaben hinter den angekreuzten Wörtern ergeben ein Lösungswort.

Lösungswort: **Kaugummi**

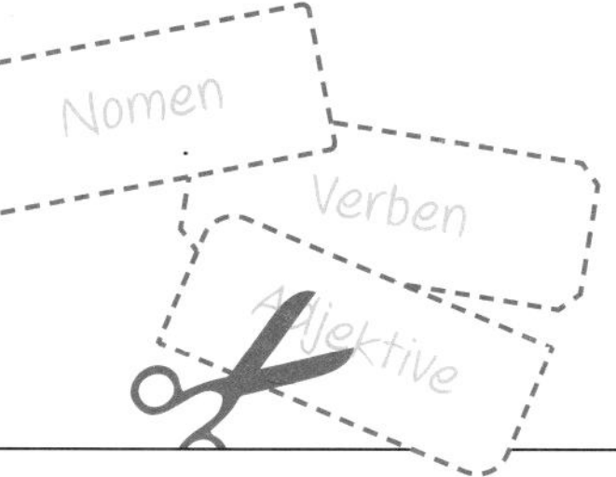

Lösungen

Seite 34:

Unterstreiche die Relativpronomen.

Frau Mosbach ist eine Ärztin, die sehr beliebt ist.

Die Limonade, die sehr sauer ist, lieben alle Kinder.

Paul ist ein Fußballspieler, der viele Tore schießt.

Der Tisch, dessen Bein kaputt ist, wackelt.

Die Ziege, welche auf der Wiese herumspringt, ist noch ganz jung.

Die Passagiere, deren Zug Verspätung hat, sind wütend.

Die Mädchen, die hinter uns sitzen, kichern laut.

Der Kuchen, der noch im Ofen steht, riecht verführerisch.

Wie schmecken dir die Erdbeeren, die Papa gekauft hat?

Das Hallenbad, welches neben unserem Haus steht, ist jeden Tag geöffnet.

Der Frosch, der in meiner Hand sitzt, ist glitschig.

Der Kastanienbaum, welcher im Park steht, trägt viele Früchte.

Meine Brüder, deren Zimmer oben ist, hören ihre Lieblingsmusik.

Seite 35:

Bilde aus den beiden Sätzen einen Relativsatz. Unterstreiche das Relativpronomen.

Die Flasche, die auf dem Tisch steht, gehört mir./Die Flasche, die mir gehört, steht auf dem Tisch.

Der Kuchen, den ich esse, schmeckt lecker./ Den Kuchen, der lecker schmeckt, esse ich.

Der Hund, dessen Schwanz wedelt, rennt auf mich zu./Der Hund, der auf mich zu rennt, wedelt mit seinem Schwanz.

Die Frau, die den Einkaufswagen schiebt, kauft Gemüse./Die Frau, die Gemüse kauft, schiebt den Einkaufswagen.

Die Patientin, die schnell einen Termin bekommt, hat Zahnschmerzen./Die Patientin, die Zahnschmerzen hat, bekommt schnell einen Termin.

Das Mädchen, das im Flur steht, lacht./ Das Mädchen, das lacht, steht im Flur.

Seite 36:

Unterstreiche die Pronomen in den angegebenen Farben.

Marie, die schon drei Jahre Gitarre spielt, übt sehr fleißig.

Heute kocht Tante Ursula mein Leibgericht.

Die Känguru-Mama, welche ihr Kind im Beutel trägt, hüpft vorsichtig.

Gib Anke ihren Stift zurück!

Du wäschst den Salat.

Diese Tomaten sind schön rot.

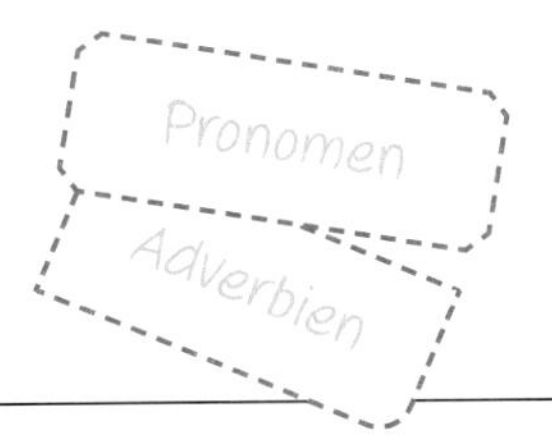

Lösungen

Der Joghurt, der im Kühlschrank steht, ist abgelaufen.

Morgen fahren wir in den Urlaub nach Österreich.

Solche Ferientage sind die besten.

Dominique räumt unsere Spülmaschine aus.

Derjenige, der mitspielen will, muss jetzt aufstehen.

Euer Spiel macht Spaß.

Ihr habt richtig Glück gehabt!

Dasselbe habe ich auch gerade gedacht.

Der Bach, welcher hinter dem Schuppen fließt, hat Hochwasser.

Ich mag nur ***diejenigen*** einladen, die nett sind.

Siehst du das Mädchen, das in der ersten Reihe sitzt?

Personalpronomen, Possessivpronomen, ***Demonstrativpronomen,*** Relativpronomen

Adverbien

Seite 37:

Unterstreiche in jedem Satz das Lokaladverb. Mit welchem Fragewort (Wo? Wohin? Woher?) hast du es gefunden? Schreibe auf.

Heute spielen alle Schüler in der Pause draußen. **– Wo?**

Lenja bringt das Buch dorthin. **– Wohin?**

Die glitzernden Steine liegen überall verteilt. **– Wo?**

Nirgends finde ich meine zweite Socke. **– Wo?**

Endlich geht es heimwärts. **– Wohin?**

Auswärts esse ich immer Pommes mit Schnitzel. **– Wo?**

Frau Kohl zaubert irgendwoher Bonbons für alle. **– Woher?**

Der Bus hält hier. **– Wo?**

Auf einmal zersplittert nebenan eine Fensterscheibe. **– Wo?**

Der Ball rollt unaufhörlich bergab. **– Wohin?**

Endlich sind alle Teilnehmer da. **– Wo?**

Alexia schleicht sich von rechts an. **– Woher?**

Lass die Katze nach draußen! **– Wohin?**

Der Junge muss hinten im Auto sitzen. **– Wo?**

Oben schlafen alle und unten tanzen die Mäuse. **– Wo? Wo?**

Seite 38:

1. Setze in jeden Satz ein passendes Temporaladverb ein.

Gestern war Montag und **heute** ist Dienstag.

Ich vermisse dich und muss **stets** an dich denken.

Wir haben das **bisher** immer so gemacht.

Einst lebten Dinosaurier auf der Erde.

Da seid ihr ja **endlich**!

Die Sonne geht unter. **Bald** wird es dunkel.

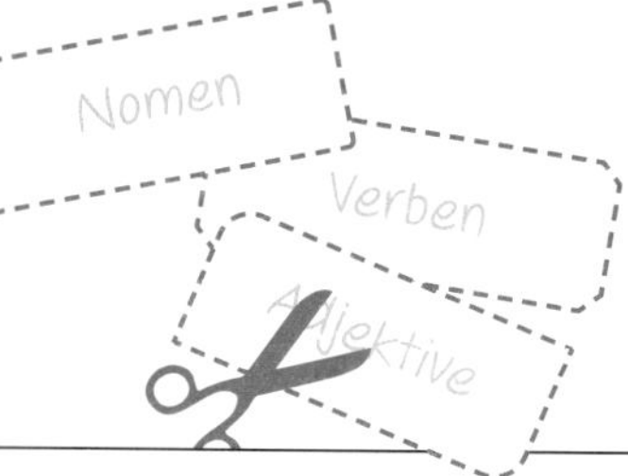

Lösungen

Wotan putzt sich **morgens** und **abends** die Zähne.

Nach dem Unfall ruft der Zeuge **sofort** einen Krankenwagen.

Oskar war **mehrmals** auf der Schiffschaukel. **Danach** war ihm übel.

2. Unterstreiche die Temporaladverbien blau und die Lokaladverbien grün.

Morgens esse ich zwei Scheiben Brot und trinke ein Glas Milch. Die Milch steht dort, neben dem Saft. Die Butter liegt unten im Kühlschrank. Früher mochte ich Marmelade. Heute schmeckt mir Käse besser.

Seite 39:

1. Welches Kausaladverb passt zum Satz?

Nico ist krank. **Deshalb** bleibt er heute und morgen daheim.

Es regnet. **Trotzdem** spielen wir draußen.

Notfalls helfe ich dir bei den Hausaufgaben, solltest du es alleine nicht schaffen.

Ich habe meine Mutter angelogen. **Darum** habe ich jetzt Hausarrest.

Mein Akku war leer. **Deswegen** konnte ich dich nicht anrufen.

2. Bestimme die Adverbien.

Lokaladverbien: hinunter, überall
Temporaladverbien: nie, nachher, immerzu, bald
Kausaladverbien: ansonsten, also, darum, meinetwegen

Seite 40:

1. Stelle die Frage nach dem Modaladverb und unterstreiche es im Satz.

Du verhältst dich in letzter Zeit anders.
Wir hoffen sehr, dass du kommst.
Vergebens wartet Emil auf seinen Freund.
Selim konnte die Nacht kaum schlafen.
Sie stürzte sich blindlings ins Abenteuer.
Ich habe fast deinen Geburtstag vergessen.
Sarah fällt kopfüber die Treppe herunter.
Daran habe ich nicht gedacht!
Ich habe den Film nur teilweise gesehen.
Kim tanz gern Ballett.

2. Bestimme die Adverbien.

Lokaladverbien: innen, rechts, unterhalb, irgendwo
Temporaladverbien: immer, einst, heute, nie
Kausaladverbien: trotzdem, vielleicht, somit, daher
Modaladverbien: fast, genauso, kaum, sehr

Numeralien

Seite 41:

Unterstreiche die Numeralien und trage sie in die Tabelle ein.

Vor zwei Tagen habe ich eineinhalb Tafeln Schokolade gegessen.

Etliche Menschen nahmen an dem Gewinnspiel teil.

Der Koch kennt mehrere Rezepte mit wenig Aufwand.

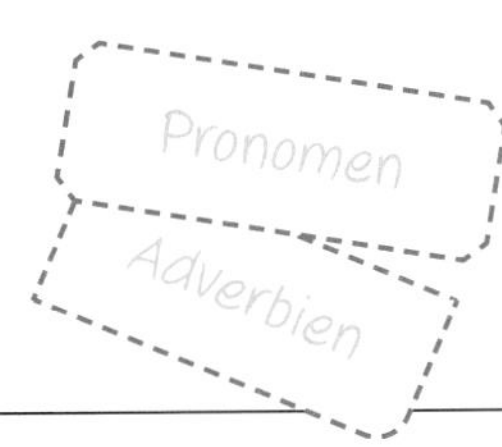

Lösungen

Beim Wettrennen erreichte Jonas als Erster das Ziel.

Die meisten Schüler stehen nicht gern früh auf.

Ella geht dreimal pro Woche zum Training.

Im Juli werde ich elf Jahre alt.

Einige Fragen habe ich nicht verstanden.

bestimmte Numeralien: zwei, eineinhalb, Erster, dreimal, elf
unbestimmte Numeralien: etliche, mehrere, wenig, meisten, einige

Interjektionen

Seite 42:

1. Entscheide, ob das Wort eine Interjektion ist oder nicht. Kreise ein. Verbinde dann die Buchstaben in der Reihenfolge deiner Auswahl.

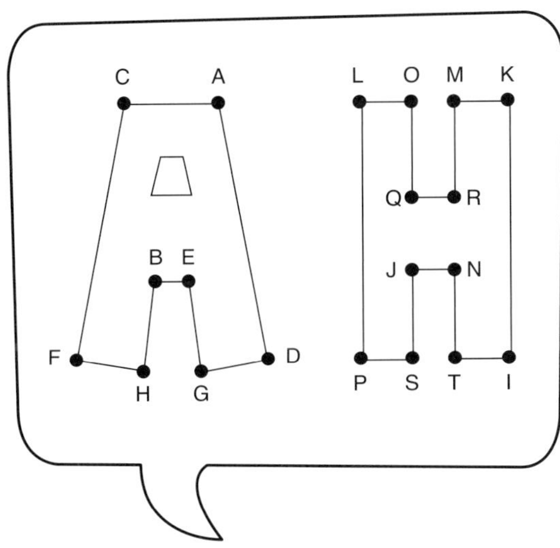

Interjektionen: ätsch, nanu, hoppla, igitt, hurra, pfui, jippi, oje, oh, aua, ach, huch, autsch

Präpositionen

Seite 43:

1. Unterstreiche lokale Präpositionen grün und temporale Präpositionen gelb.

Papa hat verboten, in der Wohnung Ball zu spielen.
Während der Sommerferien bin ich im Zeltlager.
Wir dürfen bis 20 Uhr draußen spielen.
Uli steht zwischen Dario und Theo.

2. Schreibe zu dem Bild sechs Sätze. Verwende lokale Präpositionen.

1. Die Maus versteckt sich **im** Schrank.
2. Die Maus sitzt **auf** dem Stuhl.
3. Die Maus macht einen Handstand **auf** dem Teppich.
4. Die Maus versteckt sich **hinter** dem Regal.
5. Die Maus sitzt **vor/unter** dem Fenster.
6. Die Maus ist **unter** dem Tisch.

Seite 44:

1. Setze die passende Präposition ein:
mit – trotz – dank – außer – wegen

Wegen der Verletzung darf ich nicht beim Sport mitmachen.
Außer Jan haben alle Schüler ihre Hausaufgaben gemacht.
Trotz dem schlechten Wetter spielen wir heute draußen.
Frau Schubert will **mit** ihren Kindern verreisen.
Dank dir haben wir gewonnen.

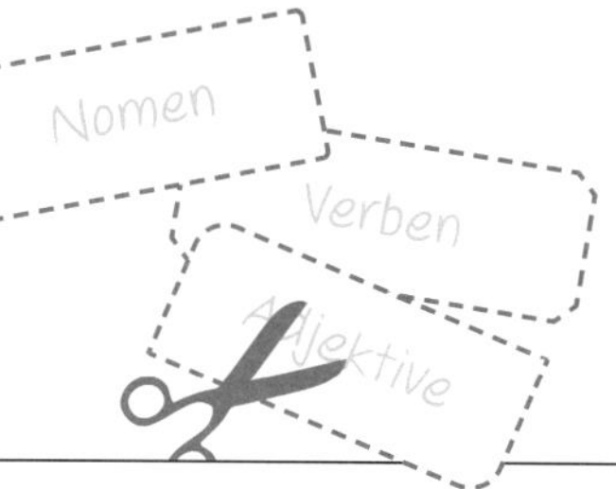

Lösungen

Konjunktionen

Seite 45:

1. Setze die passende Konjunktion ein.

Magst du Käse **oder** Wurst auf dein Brot?

Die Mutter will wissen, **ob** Milo seine Hausaufgaben gemacht hat.

Wir gehen in den Zirkus, **wenn** du heute kommst.

Obwohl Defne mich ärgert, mag ich sie.

Auf der Speisekarte stehen Pizzen **und** Nudelgerichte.

Pia freut sich, **weil** sie heute Geburtstag hat.

Sanne geht in den Flötenunterricht, **nachdem** sie gegessen hat.

Ich war unterwegs, **als** es plötzlich anfing zu regnen.

2. Verbinde die Sätze mit einer passenden Konjunktion.

Im Test habe ich eine Zwei, **obwohl** ich nicht geübt habe.

Adam war im Bad, **als** das Telefon klingelte.

Laura ist traurig, **weil/da** ihr Hamster gestorben ist./Laura ist traurig, **denn** ihr Hamster ist gestorben.

Gemischte Übungen

Seite 46:

L	F	Y	C	L	E	M	B	T	D	B	R	E	N	N	E	N	W
Y	L	D	T	O	M	A	T	E	T	Y	P	G	S	D	Z	I	J
O	A	G	R	E	B	R	G	H	E	U	H	K	K	I	S	T	E
V	U	K	A	C	H	T	U	N	G	Y	Y	S	C	R	Y	D	T
S	T	U	E	W	H	F	Y	M	G	L	Z	L	H	A	W	J	P
J	A	U	Q	R	X	S	O	L	L	E	N	E	C	B	U	R	E
D	A	O	W	E	T	D	F	W	K	D	K	X	S	H	F	H	C
N	V	F	F	G	N	D	Z	E	I	G	E	N	W	O	F	P	H
E	W	F	K	B	V	G	U	G	X	X	Q	U	N	L	T	B	W
B	A	E	G	E	N	S	C	H	I	L	D	I	Y	E	Y	E	K
L	M	N	M	R	J	C	K	J	V	M	W	I	A	N	N	P	L
I	A	F	H	I	E	L	S	F	Q	V	D	K	R	B	E	C	E
G	Q	H	X	S	X	H	I	L	F	R	E	I	C	H	M	G	I
N	T	E	C	C	D	B	R	U	N	N	G	C	Q	T	B	Q	N
B	P	F	J	H	M	R	Z	L	E	G	E	N	X	E	L	X	V

Nomen: Tomate, Kiste, Achtung, Schild, Pech
Verben: brennen, sollen, zeigen, legen, abholen
Adjektive: hilfreich, laut, offen, klein, neblig

Seite 47:

Unterstreiche Nomen schwarz, Verben rot, Adjektive blau und *Artikel braun*.

Mein schöner, bunter Blumenstrauß steht mitten auf ***dem*** Tisch.

Meine besten Freunde besuchen mich in ***dem*** Krankenhaus.

Neben unserem Haus wächst ***eine*** alte Buche.

Aus ***der*** Bäckerei strömt ***ein*** köstlicher Duft.

Karin hat noch nichts gegessen.

Der volle Mülleimer brennt.

Lösungen

Die neue Kette glitzert in ***der*** Sonne.

Das Nudelwasser auf ***dem*** Herd kocht endlich.

Eines fernen Tages wirst du ***eine*** erfolgreiche Autorin sein.

Laute Stimmen kommen aus ***einem*** Kinderzimmer.

Mit meinem roten Wasserball tolle ich im kühlen Meer.

Michi und sein kleiner Bruder sind unterwegs in ***einer*** geheimen Mission.

Das Geburtstagsgeschenk von Tante Gisela ist ***eine*** wundervolle Überraschung.

Über ***der*** alten Burg entsteht plötzlich ***ein*** fantastischer Regenbogen.

Oma Marlies bügelt ***die*** weißen Blusen meiner Schwester.

Der große Ventilator bläst mir ***die*** Luft mitten in mein heißes Gesicht.

Zwischen ***den*** Buchseiten findet Doris ***einen*** nagelneuen 20-Euro-Schein.

Seite 49:

Welche Wortart ist unterstrichen? Kreuze an.

Die angekreuzten Buchstaben ergeben der Reihenfolge nach ein Lösungswort.

Lösungswort: **Geburtstagsüberraschung**

Seite 50:

1. Welche Wortart ist unterstrichen? Trage „P“ für Präposition und „K“ für Konjunktion ein.

Infolge **(P)** der Überschwemmung mussten wir unser Haus renovieren und **(K)** den Garten neu anlegen.

Obwohl **(K)** ich den Winter liebe, macht mir das Skifahren keine Freude, auch nicht unter **(P)** Freunden.

Als **(K)** wir im Urlaub waren, bekamen meine Cousine und **(K)** ihr Mann ihr Baby.

Wenn **(K)** du kommst, warte ich im **(P)** Schwimmbad.

Seit **(P)** drei Tagen ist der Igel, der hinter **(P)** der Gartenhütte lebt, nicht mehr aufgetaucht.

2. Setze passende Präpositionen oder Konjunktionen ein. Kennzeichne Präpositionen grün und Konjunktionen gelb.

Ich habe kein Vertrauen mehr in dich, obwohl ich dich noch mag.

Bist du glücklich über deinen Sieg und deinen Gewinn?

Angesichts der Tatsache, dass es heute regnet, bleiben wir drinnen.

Der Postbote legt das Paket vor die Tür.

Statt der Pommes nehme ich Bratkartoffeln.

Ist zwischen euch noch Platz?

In den Herbstferien hat Ole Geburtstag.

Ich melde mich, sobald ich zu Hause bin.

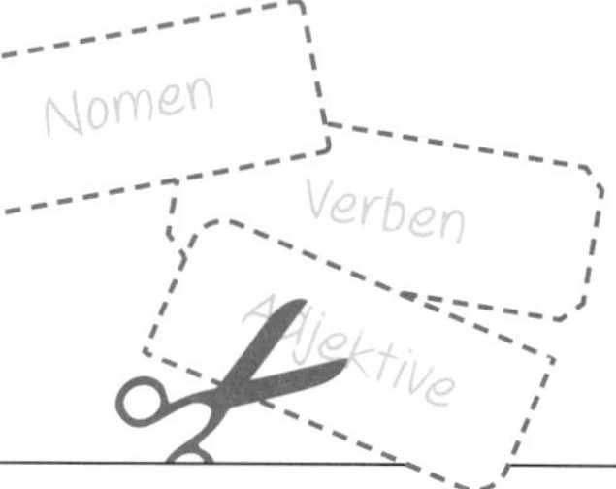

Lösungen

Seite 52:

1. Unterstreiche die Wortarten in den angegebenen Farben.

2. Findest du die zwei Modalverben und die drei Hilfsverben? Kreise sie ein.

In (10) der (6) Kiste (1), die (5) unter (10) dem (6) Tisch (1) steht (4), schlafen (4) drei (3) niedliche (7) Kätzchen (1).

Die (6) schnellsten (7) Läufer (1) bekommen (4) einen (6) Preis (1) für (10) ihre (5) Leistung (1).

Meine (5) neugierige (7) Schwester (1) schaut (4) über (10) den (6) Gartenzaun (1).

Der (6) Busfahrer (1), welcher (5) eine (6) Brille (1) trägt (4), hat (4) sehr (8) gelächelt (4).

Möglicherweise (8) kommt (4) morgen (8) eure (5) Oma (1).

Möchtest (4) du (5) diese (5) Bananen (1) oder (2) jene (5) Birnen (1) essen (4)?

Die (6) Fernbedienung (1) liegt (4) auf (10) dem (6) kleinen (7) Sofatisch (1).

Danach (8) lauscht (4) das (6) Kind (1) dem (6) neuen (7) Hörspiel (1).

Werdet (4) ihr (5) ein (6) grünes (7) Auto (1) kaufen (1)?

Das (6) Gewitter (1) ist (4) über (10) uns (5) gewesen (4).

„Aua!“(9), schreit (4) Tommi (1) sofort (8).

Kannst (4) du (5) deine (5) Schwester (1) ein (6) zweites (3) Mal (1) rufen (4)?

Bei (10) gutem (7) Wetter (1) spielen (4) wir gerne (8) auf (10) dem (6) Klettergerüst (1).

Setz (4) dich (5) neben (10) mich (5) und (2) iss (4) den (6) Kuchen (1)!

Nomen – schwarz (1), Konjunktionen – orange (2), Numeralien – grün (3), Verben – rot (4), Pronomen – gelb (5), Artikel – braun (6), Adjektive – blau (7), Adverbien – lila (8), Interjektionen – rosa (9), Präpositionen – grau (10)

Notizen